WAGENBACHS TASCHENBÜCHEREI

Tatanka Yotanka, alias Sitting Bull, um 1885

Tatanka Yotanka

oder

Was geschah wirklich in Wounded Knee?

Mutmaßungen über ein Massaker

Zusammengestellt, übersetzt und kommentiert
von Hans Christoph Buch

A. Walse

zum 18. Geburtstag 22.7.83

Verlag Klaus Wagenbach Berlin

Ich wußte damals nicht, wie gründlich es zu Ende war. Wenn ich jetzt von diesem hohen Berge meines Alters auf mein langes Leben zurückschaue, dann sehe ich die hingemetzelten Frauen und Kinder in Haufen liegen und längs der vielgekrümmten Schlucht verstreut, so deutlich, als erblicke ich sie noch mit jungen Augen. Und ich begreife, daß noch etwas anderes im blutigen Schlamm gestorben und vom Schneesturm begraben worden ist. Der Traum eines Volkes starb dort. Es war ein schöner Traum.

Black Elk,
Oglala-Sioux-Medizinmann

Satz und Druck: DRUCKHAUS Neue PRESSE, Coburg
Umschlagentwurf: Jürgen Holtfreter
Repros: Reprowerkstatt Rink und Silbermann, Berlin
Bindung: Hans Klotz, Augsburg

ISBN 3 8031 2055 1

Inhalt

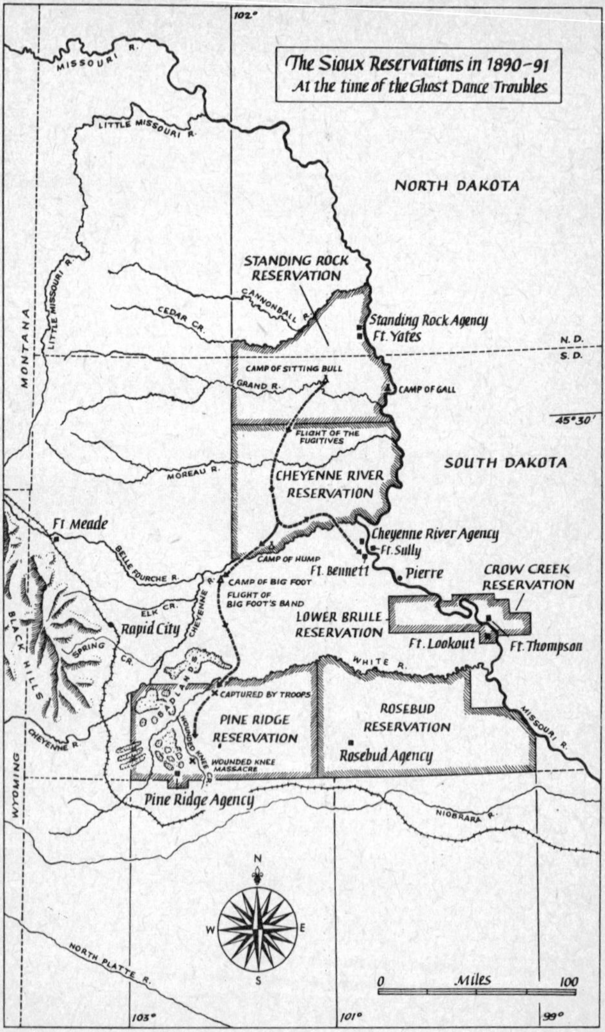

Das Sioux-Reservat 1890/91

Prolog

Tangle Hair's Raid

One April morning old Tangle Hair
Rose up a rebel at Pine Ridge fair;
He wanted flour that tasted of wheat,
Cattle whose bones had the smell of meat;
Coffee and sugar were mighty rare
Around the teepee of Tangle Hair.

The grass was short and the ponies thin,
And hunger tugged at his teepee pin.
He looked at his squaw and dark papoose
And thought of the days when free and loose.
Of the grissly stock in the grim stockade
Saddled and started on Tangle Hair's raid.

Again with his primitive bow and spear
He lurked on the trail of the black tailed deer.
Again as in youth his eyes dilate
At the lofty pass of Sheridan Gate.
Never a furrow of sod was broke,
Vanished the white man's hateful smoke.
The thick grown grass on the buffalo trail,
Seemed to wither and then to quail.
Forgot was hunger and misery
Tangle Hair's band was again free.

There was consternation in Washington
Flashed on the wires to Fort Robinson,
Commanding officers to beware
Of the murderous redskin - Tangle Hair
Fasten your barracks every night
Load your guns and put out your light;

Clip the heads of the garrison bare
To save men's scalps from Tangle Hair
Our blood is up and our spirits keen
To shed the drop in the post canteen.

Into the fort with his queer command
Rode Tangle Hair and his tattered band.
The wagon axles made doleful shrieks
Pinched was each squaw and papoose cheek.
Sore and blistered the ponies backs,
The quaint ribbed dogs lolled in their tracks.
The Cheyenne raiders the fierce outlaws
Were crying children and hungry squaws.

Hark to the bugle the black brigade
Marching in on the Chadron grade.
Every trooper an ace of spades
»Column right!« the captain said.
The red men followed the black men led,
Curious sight when the Cheyenne braves
Marched 'neath the guns of the sons of slaves
Watching the ragged Cheyenne band
Watching the stately black command.
My thoughts went on to the years to be
When red and black man shall both be free.

I saw in the stormy days now past
The black man bent to his wageless task.
I looked and saw his slavery end
On Wagner's rampart at Millikens Bend.
Better the liberty bought with blood
Than starve on one's native plains for food.
And somehow I saw in that cavalcade
A plea for justice a cry for aid.
And looking beyond the doubt and dust
Into the future with hope and trust
I read in the skies of promise there
An end of raiding for Tangle Hair.

Während des Kampfes um Wounded Knee schrieb A.E. Sheldon dieses Gedicht. Sheldon war damals Herausgeber des »Chadron Advocate« und gehörte zu den Journalisten, die sich während des Indianer-Aufstands längere Zeit in der Agentur von Pine Ridge aufhielten.

Übersetzung

Eines Tags im April stand Häuptling Knotenhaar
als Rebell vor den Toren von Pine Ridge da.
Er wollte Mehl, das nach Weizen schmeckt
und Rinderknochen mit Fleisch und Fett;
auch Zucker und Kaffee waren rar
rund um das Tipi von Knotenhaar.

Das Gras ist kurz und die Mustangs mager
und Hunger herrscht im Cheyennenlager.
Er sieht seine Squaw mit düsterem Blick
und denkt an die Tage der Freiheit zurück;
an der wilden Büffel zottige Herde
zur Jagd bereit und gesattelt die Pferde.

Noch einmal mit Pfeil und Bogen und Speer
schleicht er auf der Spur des Hirsches einher.
Und wie einst in der Jugend mit stolzem Sinn
streift sein Blick über Fels und Prärie dahin;
die Erde von keiner Pflugschar entweiht
der Rauch des weißen Mannes noch weit;
das hohe Gras auf des Bisons Fährte
erzittert unter den Hufen der Herde.
Vergessen sind Hunger und Quälerei
Knotenhaars Volk ist wieder frei.

In Washington herrschte Konsternation
und man kabelte nach Fort Robinson:
US-Offiziere, seid auf der Hut!
Häuptling Knotenhaar dürstet nach eurem Blut:
löscht nicht die Lichter im Fort bei Nacht
ladet eure Gewehre und haltet Wacht!
Soldaten, rasiert euch Köpfe und Hals
die Rothäute lauern auf eure Skalps.
Auf, auf Soldaten, zeigt frischen Mut
vergießt nicht nur Whisky – vergießt euer Blut!

Am nächsten Tag zog durchs offene Tor
eine Schar von Indianern hinein ins Fort.
Es quietschten und heulten die Achsen der Wagen
auf denen hohlwangige Kinder lagen;
die Rücken der Pferde entzündet und wund
dahinter schleppt sich ein winselnder Hund:

statt drohender Krieger und wilder Outlaws –
nur weinende Kinder und hungrige Squaws!

Im Fort ertönt ein Trompetensignal:
Rechts um! kommandiert der General;
die schwarze Brigade steht stramm wie ein As
Befehl ist Befehl, sie schreiten fürbaß.
Die Rothäute folgen, ein seltsames Bild:
Cheyenne-Indianer, unbeugsam und wild,
die Herrn der Prärie, einst stolz und frei
ziehn an den Söhnen von Sklaven vorbei.
Meine Gedanken, die schweiften in künftige Zeit
wenn Rote und Schwarze von Ketten befreit.

Ich schaute in finstere Zeiten zurück
als der Mensch den Menschen unterdrückt;
auf Lincolns Worte horcht ich und sah
wie die Knechtschaft endlich zu Ende war:
lieber die Freiheit, erkauft mit Blut
als Sklave im eigenen Hab und Gut.
Und schließlich sah ich in all dem Streit
die Gerechtigkeit siegen, enden das Leid;
und trotz aller Tränen, trotz Staub und Schweiß
blick ich in die Zukunft voll Hoffnung und weiß:
am Horizont steht es geschrieben klar –
ein Ende der Irrfahrt für Knotenhaar.

Einleitung

»Solange das Gras wächst und das Wasser fließt ...«

1

Sie fanden einen Ankerplatz für ihr Schiff und legten einen Laufsteg ans Ufer, und Thorwald und seine Gefährten gingen an Land. »Die Gegend gefällt mir«, sagte Thorwald, »hier werde ich eine Niederlassung gründen.« Dann gingen sie zurück zum Schiff und entdeckten im Sand, jenseits des Vorgebirges, drei Erdhügel; als sie näherkamen, sahen sie, daß es drei Kanus waren; unter jedem Kanu lagen drei Männer versteckt. Sie teilten sich auf, und es gelang ihnen, alle Männer zu ergreifen, bis auf einen, der mit seinem Kanu entfloh. Sie töteten die acht Männer. Dann erstiegen sie das Vorgebirge und schauten sich um und erblickten im Innern des Fjords seltsame Hügel, bei denen es sich um Hütten zu handeln schien. (...) Eine große Anzahl von Kanus näherte sich aus der Tiefe des Fjords, und Thorwald rief: »Wir müssen unsere Schilde an der Bordwand des Schiffes befestigen, damit wir möglichst wenig Angriffsflächen bieten, und uns nach Kräften verteidigen.« Das taten sie, und nachdem sie eine Zeitlang auf sie geschossen hatten, flohen die Skrellings in wilder Unordnung, jeder für sich.

So endete die erste Begegnung der Wikinger, die soeben das sagenhafte Vinland entdeckt hatten, mit den Ureinwohnern Amerikas, die sie verächtlich »Skrellings« (= Zwerge) nannten; damit ist zugleich das Leitmotiv angeschlagen, das in den folgenden tausend Jahren alle Begegnungen zwischen Weißen und Indianern beherrschen sollte. Schon die Bezeichnun-

gen »Amerika« und »Indianer« sind Ausdruck kolonialer Überheblichkeit: noch bevor ihnen ihr Land geraubt wurde, wurde den Ureinwohnern der neuen Welt das Recht auf ihren eigenen Namen genommen; die meisten bis heute gebräuchlichen Stammesbezeichnungen beruhen auf Verballhornungen indianischer Namen (z.B. Sioux für Na-do-wes-siu) oder auf Schimpfwörtern, mit denen weiße Trapper die Indianer belegten (z.B. Nez Percés = durchbohrte Nasen, Grosventre = Dickbauch, Flatheads = Flachköpfe etc.).
Von Anfang an hatten die Ureinwohner, die die neuen Einwanderer zumeist gastfreundlich bei sich aufnahmen, nur die Wahl zwischen Anpassung und Ausrottung; und in der Mehrzahl der Fälle hat auch die Anpassung die Ausrottung nicht verhindert. 1522, dreißig Jahre nach ihrer »Entdeckung« durch den christlichen Seefahrer Kolumbus, war die Urbevölkerung der Insel Hispaniola, die Arawak von Haiti, bereits vom Erdboden verschwunden. Die rührselige Geschichte von Pocahontas, der indianischen Prinzessin, die dem Engländer John Smith das Leben rettete – und dafür mit der Ausrottung ihres ganzen Stammes bezahlte – ist symptomatisch: sie selbst starb 1617 an den Pocken in London. 1614 ließ der britische Kapitän John Hunt 27 Indianer in der Nähe von Plymouth kidnappen, um sie in Spanien als Sklaven zu verkaufen. Während die aus Afrika importierten Negersklaven als Haus- und Arbeitstiere immerhin einen gewissen Schutz genossen, galten die Indianer von Anfang an als jagdbares Wild und waren wie Büffel und Bären zum Abschuß freigegeben. 1764, im gleichen Jahr, als Gouverneur Penn für jeden Indianerskalp eine Prämie von 100 Pfund aussetzte (und damit die Sitte des Skalpierens erst unter den Indianern verbreitete), begann der britische General Amherst die Stämme an der Ostküste mit Hilfe infizierter Decken durch Pocken zu dezimieren – beides Praktiken, die bis gegen Ende des 19. Jahrhunderts in Gebrauch blieben. Auch die gelungene Anpassung an die Zivilisation der Weißen konnte das Schicksal der Indianer nicht aufhalten, wie das Beispiel der Cherokesen zeigt, die zum Christentum übergetreten und seßhaft geworden waren: sie trieben Ackerbau und Viehzucht, waren geschickte Handwerker und hatten sogar eine eigene Schrift entwickelt. Trotzdem wur-

Die Zerstückelung des Indianerlandes durch Tauschverträge war seit 1682 üblich, als William Penn Delaware-Land »kaufte«

den sie – zusammen mit anderen Reststämmen – 1838 zwangsweise von North Carolina ins neugeschaffene Indianerterritorium nach Oklahoma umgesiedelt; auf dem Marsch dorthin (»Zug der Tränen«) starb die Hälfte des Stammes. Ähnlich wie bei einer aussterbenden Vogelart ging das sentimentale Bedauern über das Schicksal »unserer gefiederten Freunde« mit deren systematischer Ausrottung Hand in Hand: während einige Philanthropen an der Ostküste Krokodilstränen vergossen, zerstörten Spezialeinheiten der Armee die Dörfer der Prärieindianer und vernichteten ihre Existenzgrundlage, den Büffel; diese Arbeitsteilung – moralische Empörung auf der einen, brutale Ausrottung auf der anderen Seite – hat bis ins 20. Jahrhundert hinein funktioniert. Aber ich bin im Begriff, den Ereignissen vorzugreifen.

2

Die Nachkommen der eiszeitlichen Jäger, die in mehreren Schüben, den Mammutherden folgend, von Sibirien nach Alaska einwanderten, hatten ein anderes Verhältnis zu ihrer natürlichen Umwelt als die späteren europäischen Eroberer:

»Die Erde ist unsere Mutter, und seine Mutter verkauft man nicht«, heißt ein vielzitiertes indianisches Sprichwort. Diese Perspektive gewinnt gerade heute, im Zeichen der drohenden Vernichtung des Raumschiffs Erde durch seine falsch programmierte Mannschaft, erneute Aktualität. In ihrer jahrtausendelangen Entwicklung haben sich die amerikanischen Indianer optimal den natürlichen und geographischen Bedingungen ihres Kontinents angepaßt: von den Eiswüsten Alaskas über die Großen Seen und die Grassteppen des Westens bis zu den tropischen Regenwäldern Mittel- und Südamerikas, und weiter bis zu den Gletschern Feuerlands, haben sie alle ökologischen Nischen besiedelt, ohne sie durch Raubbau zu zerstören. Ihr Umgang mit der Natur erfolgt überlegt und schonend, nach einem über Generationen tradierten Ritual: noch heute verbindet ein Sioux-Indianer, wenn er einen Ast abschneidet, die »Wunde« des Baumes mit Präriegras.

Den vielfältigen Formen der materiellen Reproduktion entspricht eine ebensolche kulturelle Vielfalt, die wie in einem Kaleidoskop den Reichtum menschlicher Möglichkeiten vorführt: von den Walfängern und Lachsfischern der Nordwestküste mit ihrer komplexen sozialen Hierarchie, über die Jäger und Sammler des Great Basin (von denen einige, wie die in Kleinstgruppen umherstreifenden Ute und Shoshone, als so »primitiv« galten, daß sie nicht einmal wert schienen, ausgerottet zu werden – in Wahrheit entsprach ihre Lebensweise genau den Überlebensbedingungen in der Wüste), bis zu den Stadtstaaten der Pueblo-Indianer im Südwesten und weiter zum Staatenbund der Irokesen (»Sechs Nationen«) im Osten, der das Vorbild für die bundesstaatliche Verfassung der USA lieferte.

Betrachtet man die soziale Organisation der Indianer im einzelnen, stößt man auf ebenso phantastische wie, bei näherem Hinsehen, vernünftige Gesellschaftsmodelle, die an Fourieristische Utopien erinnern: die Natchez des Südostens etwa verehrten einen Priesterkönig, die »Große Sonne«, dessen Nachkommen in der Stammeshierarchie immer tiefer absanken, bis sie die niedrigste Kaste der »Stinker« erreicht hatten, von der aus sie auf der sozialen Stufenleiter wieder nach oben gelangten – eine Gesellschaft also, in der eine permanente Mobilität von oben nach unten herrschte. Und die reichen Stämme der Tlingit und Kwakiutl an der Nordwestküste vernichteten periodisch ihren in Form von Kupfergefäßen akkumulierten Mehrwert, indem sie auf einer Potlatch genannten Zeremonie freiwillig ihren kostbarsten Besitz zerstörten – eine soziale Funktion, die bei »zivilisierten« Völkern der Krieg wahrnimmt.

3

Das von den spanischen Konquistadoren eingeführte Pferd, dessen verwilderte Abkömmlinge die Prärien bis hinauf zum Winnipeg-See bevölkerten, bewirkte eine Revolution unter den Stämmen, die vor dem Druck der weißen Siedler in die nordwestlichen Prärien ausgewichen waren: Blackfeet und Cree im Norden, Crow und Cheyenne im Westen, Comanchen und Kiowas im Süden. Die zahlenmäßig größte Gruppe waren die Dakotas, die von den Weißen Sioux genannt wurden (von Na-do-wes-siu = Schlangen, der Algonkin-Bezeichnung für deren traditionellen Feinde, die Sioux); sie umfaßten mehrere Hauptstämme, deren größter, die Teton-Dakotas, in mehrere Unterabteilungen zerfiel: Ogalalas, Brûlés, Hunkpapas – um nur die bekanntesten Namen zu nennen. Ihre Zahl ist mit circa 20 000 ziemlich konstant geblieben; die Dakotas sind, neben den Navajos, noch immer der volkreichste Indianerstamm der USA.
Gegen Ende des 18. Jahrhunderts verließen sie ihre ursprünglichen Wohnsitze im Waldland der Großen Seen und zogen an den Oberlauf des Missouri, wo sie von den nomadisierenden Präriestämmen den Gebrauch des Pferdes (und später des Gewehrs) übernahmen: beides zusammen, im Verein mit ihrer zahlenmäßigen Stärke und ihrem kriegerischen Geist (von dem weiter unten noch die Rede sein wird), verschaffte den Sioux bald eine militärische Überlegenheit über die meisten anderen Prärieindianer. Während kleinere, halbnomadische Stämme wie die Mandan und Arikara, die an den Ufern des Missouri in befestigten Dörfern Mais anbauten und nur im Winter auf die Büffeljagd gingen, durch die Angriffe feindlicher Indianer und durch die von weißen Händlern eingeschleppten Pocken rasch dezimiert wurden,

konnten die Sioux ihren Einflußbereich immer weiter ausdehnen: ab 1830 beherrschten sie mit ihren Verbündeten, den Cheyenne, fast das gesamte Grasland zwischen dem Mississippi im Osten und den Rocky Mountains im Westen. Die berittenen Sioux-Krieger auf ihren bunt gefleckten Mustangs, mit Skalplocken am Gürtel und Adlerfedern im Haar, wurden zum Inbegriff des Indianers schlechthin, der seitdem in zahllosen Indianerbüchern und Wildwestfilmen romantisch mythisiert wurde: zum edlen Wilden oder zur blutrünstigen Rothaut, je nach Tendenz des Verfassers.
Indes, der idyllische Anschein täuscht: die blühende Kultur der Prärieindianer, die mit der größten Machtausdehnung der Sioux zusammenfiel (1830-1860), war von Anfang an eine Spätstufe indianischer Kultur, die den Keim des Untergangs bereits in sich trug. Ökonomisch beruhte sie auf zwei Pfeilern: dem Pferd und dem Bison. Ersteres diente als Transport- und Kampfmittel, das die lebenswichtige Mobilität der Nomadenstämme sicherte, letzteres als Hauptlieferant für Nahrungsmittel und Gegenstände des täglichen Bedarfs. Die Büffel wurden im Herbst und Winter gejagt, wenn ihr Fell am dichtesten stand: ihr Fleisch wurde getrocknet haltbar gemacht, ihr Fett mit wildwachsenden Beeren zu Pemmikan verarbeitet; Felle und Häute dienten zur Herstellung von Kleidung und Zelten, Knochen und Sehnen zur Anfertigung von Waffen und Gerätschaften, Hufe und Hörner fanden als Gefäße und Kopfschmuck Verwendung.
Neben der Jagd war der Krieg die Hauptbeschäftigung der Prärieindianer: nicht um Land zu erobern oder fremde Stämme zu unterjochen, sondern als Statussymbol. Die Heldentaten der Indianerkrieger – von der bloßen Berührung des Gegners über seine Verwundung bis hin zum Töten und Skalpieren des Feindes – wurden als sog. »Coups« gezählt, deren Quantität und Qualität sich in der Auswahl und Anordnung des Federschmucks und im sozialen Prestige seiner Träger ausdrückte. Dabei waren die Rollen innerhalb des Stammes keineswegs starr festgelegt: neben rein militärischen gab es auch politische und religiöse Führer wie Sitting Bull und Crazy Horse, die oft noch größeres Ansehen genossen, neben Kriegern auch Squaw-Men, homosexuelle

Indianer, die Frauenkleider trugen und Frauenarbeit verrichteten, und umgekehrt konnten auch Frauen zu Häuptlingswürden aufsteigen.

Im Gegensatz zu einer weitverbreiteten Vorstellung waren die Prärieindianer keineswegs autark: lange bevor weiße Siedler und Soldaten in ihr Land einfielen, begaben sie sich in ökonomische Abhängigkeit von weißen Pelzhändlern, die ihnen, im Austausch für Biber- und Bisonfelle, Gebrauchsgegenstände und Luxusartikel lieferten: Äxte und Messer aus Deutschland, Gewehre und Decken aus England, Tee und Lack aus China, Glasperlen und Tonpfeifen aus Holland und, last but not least, amerikanischen Tabak und Whisky, mit Pfeffer gewürzt und mit Missouriwasser verdünnt. Die Indianer erhielten nur so viel an Gegenwert für ihre Felle, wie zur Reproduktion ihrer Arbeitskraft unbedingt notwendig war; der Tarif wurde stets so festgesetzt, daß sie ähnlich wie die englischen Fabrikarbeiter im 19. Jahrhundert bei den Händlern schon im voraus verschuldet waren. Aus den stolzen Herren der Prärie waren Lohnabhängige geworden, die entfremdete Arbeit verrichteten, lange bevor sie militärisch und politisch unterworfen wurden. Ein Nebenprodukt dieser Entwicklung war die Vernichtung der Tiere, von deren biologischem Fortbestand das Überleben der Prärieindianer abhing: auf die Ausrottung des Bibers, der der europäischen Hutmode zum Opfer fiel, in den 30er Jahren folgte die Ausrottung des Bisons in den 70er Jahren des 19. Jahrhunderts: die Indianer trugen so, ungewollt, zur Zerstörung ihrer eigenen Lebensbasis bei.

4

1803 verkaufte Napoleon die französische Kolonie Louisiana für 15 Millionen Dollar an die Regierung der Vereinigten Staaten. Das riesige unerschlossene Territorium, das von der kanadischen Grenze bis zum Golf von Mexico reichte, schien nur in seinem Südteil für landwirtschaftliche Nutzung geeignet; das endlose Grasland im Norden, von einem seiner ersten Erforscher, Major Long, als »Great American Desert« bezeichnet, wurde »auf ewig« den Indianern überlassen, mit dem Mississippi als Grenze; hierher wurden auch die aus

ihren Wohnsitzen im Osten vertriebenen Stämme zwangsumgesiedelt.
1848 wurde in Kalifornien Gold entdeckt. Seitdem ergoß sich ein nichtabreißender Strom von Siedlern und Abenteurern durch das Land der Prärieindianer, dessen Betreten den Weißen vertraglich verboten war; sogar die Einfuhr von Alkohol war theoretisch untersagt. 1862 brach unter den östlichen Sioux in Minnesota, die von deutschen und skandinavischen Siedlern aus ihren ursprünglichen Wohnsitzen vertrieben worden waren, ein Aufstand aus, der mit der Niederlage der Rebellen endete. Obwohl sich Präsident Lincoln persönlich für die Begnadigung der Sioux einsetzte, wurden 38 von ihnen gehängt, ihre Leichen zu »Forschungszwecken« der Medizin überlassen; der Skalp und Schädel ihres Anführers, Little Crow, wurde präpariert und öffentlich in St. Paul ausgestellt.
Um den Bozeman-Trail zu sichern, auf dem die Wagenkolonnen der Siedler westwärts rollten, ließ die Regierung unter Bruch eingegangener Verträge mehrere Forts im Indianerland errichten; am 21. Dezember 1866 vernichtete eine Sioux-Streitmacht unter Häuptling Red Cloud in der Nähe von Fort Kearny eine Eliteeinheit von 80 Soldaten unter dem Kommando von Captain Fetterman, der den Rothäuten auf eigene Faust eine Lektion erteilen wollte (das sog. »Fetterman-Massaker«). Zwei Jahre später rächte ein ehrgeiziger junger Offizier namens Custer diese erste größere Niederlage der US-Armee im Kampf mit Indianern, indem er im Morgengrauen mit überlegenen Streitkräften ein friedliches Dorf der mit den Sioux verbündeten Cheyenne überfiel und mehr als 200 Indianer – hauptsächlich Frauen und Kinder – im Schlaf niedermachte. Obwohl einige Philanthropen das sinnlose Massaker verurteilten, avancierte Custer zum Publikumsliebling und Held der Indianerkriege.
Im Vertrag von 1867 war den Sioux der Norden von Süddakota, der Rest des einstigen Indianerterritoriums, für alle Zeiten als Reservat zugewiesen worden, »solange das Gras wächst und das Wasser fließt«. 1869 wurde weiter südlich, in Promontory Point in Utah, die erste Eisenbahnverbindung quer durch den amerikanischen Kontinent eröffnet. Da die Sioux sich dem Bau einer Eisenbahnlinie durch ihr

Reservat widersetzten, beschloß die Regierung, in den Black Hills, den heiligen Bergen der Dakotas, ein Fort anzulegen; bei geologischen Vorarbeiten für die geplante Eisenbahnlinie wurde in den Black Hills Gold entdeckt; unter Bruch aller feierlich gegebenen Versprechen schoß Custer, der inzwischen zum Oberst befördert worden war, den Goldsuchern den Weg frei. Beim Versuch, den Widerstand der Sioux durch einen großangelegten Feldzug zu brechen, geriet Custer am

Indianische Darstellung der Schlacht am Little Big Horn

25. Juni 1876 am Ufer des Little Bighorn-Flusses in einen Hinterhalt und erlitt eine vernichtende Niederlage, die ihn selbst und 225 Soldaten des von ihm befehligten 7. Kavallerieregiments das Leben kostete – die berühmte »Schlacht am Little Bighorn«. Obwohl die militärische Niederlage durch Custers persönlichen Leichtsinn – er hatte sich entgegen seinem Marschbefehl vom Gros des Heeres getrennt – und durch die unverantwortliche Indianerpolitik der Regierung verschuldet war, ist in den folgenden anderthalb Jahrzehnten bis zum Massaker von Wounded Knee der Ruf nach »Rache für Custer« nicht mehr verstummt.

Nach weiteren Gefechten mußten die Sioux vor der militärischen Übermacht kapitulieren und die Black Hills, zusammen mit anderen Teilen ihres ohnehin schon zusammengeschmolzenen Reservats, an die Weißen abtreten. Sie wurden gewaltsam entwaffnet und mußten ihren kostbarsten Besitz, ihre Pferde, abgeben, für deren Verlust sie trotz gegenteiliger Versprechen niemals entschädigt wurden. Einer ihrer religiösen Führer, Crazy Horse, wurde im August 1877, als er nach Fort Robinson kam, um für sein hungerndes Volk um Essen zu bitten, »auf der Flucht« mit dem Bajonett erstochen; Sitting Bull floh nach Kanada, wo ihm die Engländer vorübergehend Asyl gewährten; später wurde er von der Regierung in einem Reservat interniert.

Das war die Situation im Herbst 1890, am Vorabend des Massakers von Wounded Knee: die in entlegenen, unfruchtbaren Reservaten zusammengepferchten Sioux-Indianer standen unter großem emotionalen Druck, der durch Mißernten, Hungersnöte und Schikanen von Seiten der Armee und der Behörden noch verstärkt wurde. Im Vertrag von 1878 hatte sich die Regierung verpflichtet, den Sioux als Entschädigung für das ihnen geraubte Land alles zum Leben Notwendige zu liefern, und zwar so lange, bis sie in der Lage sein würden, sich selbst zu versorgen. Außerdem hatten sie Anspruch auf eine jährliche Rente (annuity), die aus den durch Landverkäufe und Wegerechte anfallenden Geldern finanziert wurde. Der Vertrag sah vor, daß jeder erwachsene Indianer eine Ration von 1½ Pfund Rindfleisch oder ½ Pfund Schinken, ½ Pfund Mehl und ½ Pfund Mais pro Woche erhalten sollte, sowie 3 Pfund Bohnen, 4 Pfund Kaffee

und 8 Pfund Zucker zusätzlich pro 100 Rationen; außerdem sollten die Reservatsbewohner Saatgut und landwirtschaftliche Geräte sowie einen warmen Anzug pro Jahr gratis bekommen.
In der Praxis hat dieses System nie funktioniert: nicht nur wegen der Korruption der zuständigen Beamten, die sich auf Kosten der Indianer persönlich bereicherten, sondern auch aufgrund der Schwerfälligkeit und Schlamperei der Indianerbehörde: was an Lebensmitteln nicht auf den langen Transportwegen verschwand, verschimmelte oder verdarb durch unsachgemäße Lagerung; die Rinderherden wurden im Herbst gewogen, wenn sie am fettesten waren; bei der Schlachtung im Winter bestanden die Rinder oft nur noch aus Haut und Knochen; die winterfeste Kleidung, die laut Vertrag im August ausgegeben werden sollte, erreichte die Indianer, wenn überhaupt, meist erst gegen Ende des Winters, wenn sie nicht mehr gebraucht wurde. Hinzu kamen periodische Mißernten, die auch den weißen Farmern zu schaffen machten, für die Indianer aber, die über schlechtere Böden und geringere landwirtschaftliche Erfahrung verfügten, katastrophale Auswirkungen hatten, sowie die Neigung der Regierung, stets an den Ärmsten zu sparen: der Etat für die Reservate wurde vom Kongreß regelmäßig gekürzt; die Indianer hatten keine einflußreiche Lobby in Washington wie ihre Gegner, die landhungrigen Farmer und das Big Business.
Ergebnis dieser verzweifelten Situtation war ein schleichender Genozid: neben die physische Auszehrung trat die psychische und kulturelle Verelendung. Der sprichwörtliche Stolz der Prärieindianer schlug um in Selbsthaß und Apathie: Alkoholismus und Kriminalität, erhöhte Anfälligkeit für Krankheiten, eine erschreckend hohe Kindersterblichkeit und eine hohe Selbstmordrate waren die Folgen. Daran hat sich bis heute kaum etwas geändert: das Jahreseinkommen eines Reservatsindianers liegt bei 2000 Dollar, seine durchschnittliche Lebenserwartung bei 44 Jahren – gegenüber 6000 Dollar und 57 Jahren im US-amerikanischen Durchschnitt. Das Schicksal der Prärieindianer – von der systematischen Gettoisierung bis zur physischen Massenvernichtung – ist der »Endlösung« der Judenfrage in der Nazizeit

vergleichbar, dem Schicksal der Armenier in der Türkei, die während des ersten Weltkriegs planmäßig deportiert und ausgerottet wurden. Die Sioux von 1890 lebten buchstäblich ohne Hoffnung: die sog. »progressiven« Indianer, die sich der Welt der Weißen anzupassen versuchten, waren ebenso zum Scheitern verurteilt wie die Traditionalisten, die vergeblich der großen Vergangenheit ihres Volkes nachtrauerten.

In dieser Situation fiel die frohe Botschaft des Indianerpropheten Wovoka vom kommenden Messias auf fruchtbaren Boden. Wovoka war ein Paiute-Indianer aus Nevada, der, beeinflußt von Mormonen aus dem benachbarten Utah, die Endzeiterwartung der »Heiligen der letzten Tage« mit Elementen indianischer Mythologie zu einer neuen Lehre verband, die ihm in einer Vision mitgeteilt worden war: die Vorherrschaft der Weißen sollte durch ein gewaltiges Erdbeben gebrochen werden, die Toten würden wiederauferstehen und die Indianer, mit ihren verstorbenen Vorfahren vereint, würden wie einst den amerikanischen Kontinent beherrschen. Genauso wichtig wie der Inhalt der religiösen Bot-

Wovoka

schaft war ihre spezifisch indianische Form, das damit verbundene Ritual: die Anhänger des »Messiaswahns«, wie die Weißen respektlos die neue Religion nannten, hielten einander an den Händen und tanzten solange im Kreis herum, bis sie in Trance gerieten und vor Erschöpfung umfielen; der emotionale Druck konnte sich so kurzfristig entladen, das wirkliche Elend der Indianer wurde religiös transzendiert und in einer kollektiven Vision überwunden. Während der Zeremonie trugen die Tänzer sog. »Geisterhemden«, die sie unverwundbar machen sollten, und sangen Lieder, in denen von der Rückkehr der Büffelherden und der Auferstehung der Toten die Rede war. Durch Sendboten – eine Abordnung von Sioux-Indianern reiste eigens mit der Bahn nach Nevada, um die neue Religion kennenzulernen – breitete sich die Geistertanzbewegung wie ein Präriebrand in kürzester Zeit von den Rocky Mountains bis zum Missouri hin aus, wobei ihre rituellen Formen und Inhalte von Stamm zu Stamm, entsprechend der jeweiligen lokalen Tradition, geringfügig modifiziert wurden.

6

Die weißen Siedler und die Indianerbehörden betrachteten die wachsende Unruhe in den Reservaten mit einer Mischung aus Unverständnis, Furcht und Mißtrauen: nicht nur weil ihnen ihr baldiger Untergang prophezeit wurde; der Geistertanz mit seinen orgiastischen Exzessen war den Puritanern der viktorianischen Epoche ein Greuel. Hinzu kommt die von interessierten Kreisen wachgehaltene Erinnerung an Custers Niederlage am Little Bighorn, sowie ein militanter Rassismus, der sich nach der Sklavenbefreiung in den Südstaaten nunmehr an den Indianern schadlos hielt: alles zusammen ergibt jenes spezifisch nordamerikanische Amalgam aus naiver Unschuld und kolonialer Überheblichkeit, demokratischer Fairness und faschistoider Gewaltverherrlichung, das bis heute das innenpolitische Klima in den USA bestimmt – der diskrete Charme des Imperialismus.
Die auf den folgenden Seiten gesammelten und erstmals übersetzten Texte über Ursachen und Verlauf der Schlacht von Wounded Knee stammen aus erster Hand: es sind

Zeitungsberichte, die von Reportern und Korrespondenten vor Ort geschrieben wurden. Einer von ihnen war C. W. Allen, der Begründer und Herausgeber des »Chadron Democrat«, der zusammen mit zwei anderen Reportern, C. H. Cressey von der »Omaha Bee« und W. F. Kelly vom »State Journal« in Lincoln Nebraska, das Massaker als Augenzeuge erlebte. Allen war gleichzeitig als Sonderkorrespondent für den »New York Herald« tätig – die meisten hier abgedruckten Berichte stammen aus seiner Feder. Fünf Jahre früher, im Sommer 1885, war er nach Chadron gekommen, einem neugegründeten Städtchen am Knotenpunkt zweier Eisenbahnlinien, in unmittelbarer Nähe des großen Sioux Reservats (Pine Ridge) gelegen, um hier als Zeitungsverleger sein Glück zu versuchen. Chadron hatte damals nicht mehr als 2000 Einwohner, viele von ihnen Einwanderer aus Nordeuropa, die als Handwerker, kleine Gewerbetreibende und Farmer arbeiteten, oft am Rande des Existenzminimums, und als »arme Weiße« den Indianern kaum wohlgesonnen gewesen sein dürften. Allen versuchte, gegen die Vorurteile der örtlichen Bevölkerung anzuschreiben; als Parteigänger der Demokraten kritisierte er die skandalöse Indianerpolitik der republikanischen Administration mit besonderer Schärfe, deren Versäumnisse er aus nächster Nähe erlebte. Seine Artikel, die in ihrem wortreichen, manchmal humorigen Stil zuweilen an Mark Twain erinnern, vermitteln ein höchst anschauliches Bild der Situation in und um Wounded Knee, das durch zahlreiche Meldungen, Berichte und Kommentare aus der Zeit von Herbst 1890 bis Frühjahr 1891 ergänzt wird.
Die Texte, unabhängig von der politischen Tendenz ihrer Verfasser, zeigen zweierlei: 1., wie das Massaker zuerst von der Presse herbeigeredet und herbeigeschrieben wurde, und 2., wie die gleiche Presse hinterher die Folgen des von ihr mitangerichteten Schadens moralisch entrüstet beklagt. Die Parallelen zu Vietnam liegen auf der Hand: ähnlich wie Leutnant Calley in My Lai gab es auch in Wounded Knee einen Offizier, Oberst Forsythe, der stellvertretend für die ganze Nation zum Sündenbock gestempelt und (wenigstens vorübergehend) in die Wüste geschickt wurde. Reinhard Lettau hat in diesem Zusammenhang einmal die Frage aufgeworfen, wie es kommt, daß der nordamerikanische

Imperialismus über seine eigenen Verbrechen so ausführlich berichtet, wo andere, weniger fortgeschrittene Imperialismen noch die Zensur bemühen müssen. Dieses Problem läßt sich am Beispiel des Massakers von Wounded Knee exemplarisch studieren, sozusagen *in statu nascendi:* der Feldzug von 1890/91 war der erste und zugleich letzte Indianerkrieg, der von den Massenmedien ausführlich, in Wort und Bild, dokumentiert wurde: die Fotos der im Schneesturm erstarrten Leichen von Big Foot und seinen Kriegern gingen durch die Weltpresse und schmücken seitdem unzählige Indianerbücher. Buffalo Bill und sein Gegenspieler, Tatanka Yotanka (Sitting Bull), waren schon zu Lebzeiten zu romantischen Mythen geworden, der Büffel, nach dem sie beide benannt waren, war 1890 längst ausgestorben. Anders ausgedrückt: Wounded Knee war die letzte Chance für einen zünftigen Reporter, einen echten Indianerkrieg zu erleben, und wenn er nicht von selbst ausbrach, dann mußte die Presse eben ein bißchen nachhelfen, was auch nach Kräften und ohne Skrupel geschah. Das ging soweit, daß General Miles, um die ständigen Sensationsberichte und Falschmeldungen in der Presse zu berichtigen, einen telegrafischen Informationsdienst entlang der Eisenbahnlinie einrichten mußte, der wiederum von findigen Reportern abgehört und in *ihrem* Sinne ausgewertet wurde. So kommt das groteske Ergebnis zustande, daß man am Ende die mordenden Militärs gegen die geheuchelte Empörung der Zeitungen in Schutz nehmen muß – von heute aus gesehen waren sie selbst Marionetten einer großmannssüchtigen Politik, deren Fäden nicht in der Agentur von Pine Ridge, sondern in den Pressebüros von Chicago und Regierungsämtern von Washington gezogen wurden. Die 30 Regierungssoldaten und die 200 Sioux-Indianer starben nicht zum Schutz der weißen Siedler, wie die Armeeführung vorgab, sondern zur höheren Ehre eines ehrgeizigen Präsidenten und eines geltungssüchtigen Generals, der sich um die Präsidentschaftskandidatur bewarb; sie starben als Kanonenfutter im Parteienstreit zwischen Republikanern und Demokraten, »Falken« und »Tauben«, und als Opfer des Kompetenzstreites zweier miteinander verfeindeter Ressorts, des Kriegs- und des Innenministeriums. Das ist vielleicht das Tragischste an der Schlacht von Wounded Knee

– und an der Geschichte überhaupt: Völkerschlachten wie die von Verdun und Stalingrad fanden aus ähnlich lächerlichen Gründen statt.
Die hier versammelten Texte haben noch eine andere, sozusagen ästhetische Qualität: ich meine ihren Mutmaßungscharakter, der mich an den französischen ›nouveau roman‹ der 60er Jahre erinnert. Je dichter man nämlich den Details des historischen Prozesses auf den Leib rückt, desto fragmentarischer und undurchsichtiger erscheint er. Ein Geschehen, das sich aus der Distanz in wenigen Worten zusammenfassen läßt, bekommt, aus der Nähe betrachtet, die verwirrende Vielfalt eines Vexierbilds; seine einzelnen Teile widersprechen einander mehr, als daß sie sich gegenseitig ergänzen. Am Ende weiß niemand mehr genau zu sagen, warum das Massaker von Wounded Knee überhaupt stattgefunden hat; nur daß dabei mehr als 200 Männer, Frauen und Kinder ihr Leben ließen, das ist sicher.

7

Das Leiden der Prärieindianer war mit der Schlacht von Wounded Knee noch nicht zu Ende; es war lediglich in eine neue Phase eingetreten. Der 1887 von Senator Dawes eingebrachte »Land Allotment Act«, der das Stammesland der Reservate in Privatparzellen aufteilte – ein einzelner verkauft sein Land, ein ganzer Stamm nie –, war der bisher folgenreichste Anschlag auf die soziale und kulturelle Identität der Indianer: in wenigen Jahrzehnten schrumpfte das ihnen verbliebene Land von 140 auf 50 Millionen acres (= Morgen) zusammen. Gleichzeitig sank die Gesamtzahl der Indianer in den USA von einer Million (zum Zeitpunkt der »Entdeckung« sollen es mehr als 10 Millionen gewesen sein) auf 270 000 (um 1900). Erst 1924 wurde den Indianern formell das Bürgerrecht gewährt; in der Praxis aber blieben sie Bürger zweiter Klasse, die zwar alle Pflichten (Steuern, Militärdienst etc.), aber nicht alle Rechte amerikanischer Bürger besaßen; sie wurden noch immer wie unmündige Kinder behandelt. Was die Reformpolitik des New Deal der 30er Jahre an der sozialen Situation der Indianer verbessert hatte (medizinische Versorgung, Schulbildung etc.), wurde durch den Ölboom der 40er Jahre und die ›Termination‹-Politik der 50er Jahre (einer Neuauflage des alten »Land Allotment Act«) mehr als wettgemacht. Auch die symbolische Anerkennung des ihnen geraubten Landes durch die Nixon-Regierung und durch Gerichte erzwungene finanzielle Entschädigungen für die Indianer haben deren Lage zwar verbessert, aber nicht grundsätzlich verändert. Inzwischen haben viele von ihnen begriffen, daß nicht die Weißen, sondern nur sie selbst sich helfen können: mit der Besetzung der Insel Alcatraz begann 1969 eine neue Widerstandsbewegung der Indianer (AIM - American Indian Movement), die mit den Auseinandersetzungen um Wounded Knee 1973 und dem Marsch nach Washington 1978 ihre bisherigen Höhepunkte erlebte. Und es ist wiederum kein Zufall, daß die Sonnentanzbewegung, ähnlich wie der Geistertanz vor neunzig Jahren, entscheidend zur politischen Bewußtseinsbildung der Indianer beitrug.

Wounded Knee 1973

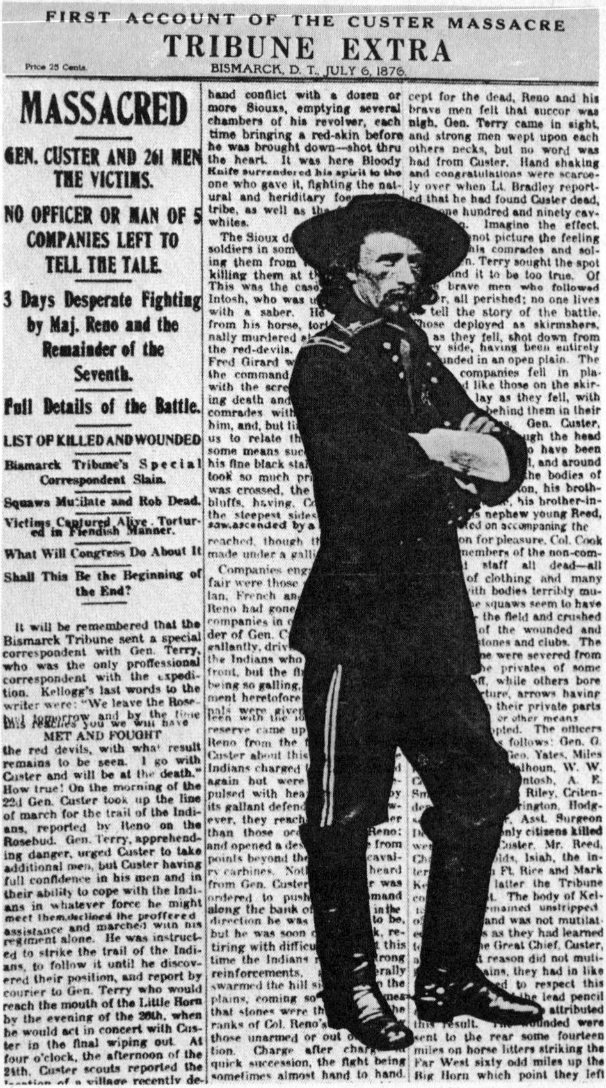

FIRST ACCOUNT OF THE CUSTER MASSACRE

TRIBUNE EXTRA

Price 25 Cents. BISMARCK, D. T., JULY 6, 1876.

MASSACRED

GEN. CUSTER AND 261 MEN THE VICTIMS.

NO OFFICER OR MAN OF 5 COMPANIES LEFT TO TELL THE TALE.

3 Days Desperate Fighting by Maj. Reno and the Remainder of the Seventh.

Full Details of the Battle.

LIST OF KILLED AND WOUNDED

Bismarck Tribune's Special Correspondent Slain.

Squaws Mutilate and Rob Dead.

Victims Captured Alive. Tortured in Fiendish Manner.

What Will Congress Do About It

Shall This Be the Beginning of the End?

It will be remembered that the Bismarck Tribune sent a special correspondent with Gen. Terry, who was the only proffessional correspondent with the expedition. Kellogg's last words to the writer were: "We leave the Rosebud tomorrow and by the time this reaches you we will have

MET AND FOUGHT

the red devils, with what result remains to be seen. I go with Custer and will be at the death." How true! On the morning of the 22d Gen. Custer took up the line of march for the trail of the Indians, reported by Reno on the Rosebud. Gen. Terry, apprehending danger, urged Custer to take additional men, but Custer having full confidence in his men and in their ability to cope with the Indians in whatever force he might meet them, declined the proffered assistance and marched with his regiment alone. He was instructed to strike the trail of the Indians, to follow it until he discovered their position, and report by courier to Gen. Terry who would reach the mouth of the Little Horn by the evening of the 26th, when he would act in concert with Custer in the final wiping out. At four o'clock, the afternoon of the 24th, Custer scouts reported the location of a village recently de-

hand conflict with a dozen or
more Sioux, emptying several
chambers of his revolver, each
time bringing a red-skin before
he was brought down—shot thru
the heart. It was here Bloody
Knife surrendered his spirit to the
one who gave it, fighting the natural and heriditary foe ...
tribe, as well as the ...
whites.

The Sioux d...
soldiers in som...
ing them from ...
killing them at th...
This was the case ...
Intosh, who was u...
with a saber. He ...
from his horse, tort...
nally murdered ...
the red-devils.
Fred Girard w...
the command...
with the scre...
ing death and ...
comrades with...
him, and, but li...
us to relate th...
some means suc...
his fine black sta...
took so much pr...
was crossed, the ...
bluffs, having, Co...
the steepest sides ...
saw, ascended by a ...
reached, though th...
made under a galli...

Companies eng...
fair were those ...
lan, French an...
Reno had gone ...
companies in c...
der of Gen. C...
gallantly, driv...
the Indians who ...
front, but the fi...
being so galling, ...
ment heretofore ...
pals were given ...
teen with the ...
reserve came up ...
Reno from the ...
Custer about this ...
Indians charged ...
again but were ...
pulsed with hea... by
its gallant defend... -ever, they reach... -er
than those oc... Reno;
and opened a des... from
points beyond the ... cavalry carbines. Not... heard
from Gen. Custer ... was
ordered to push ... mand
along the bank of ... in the
direction he was ... to be,
but he was soon ... k, retiring with difficu... this
time the Indians ... strong
reinforcements, ... erally
swarmed the hill si... n the
plains, coming so... mes
that stones were th... he
ranks of Col. Reno's ...
those unarmed or out o...
tion. Charge after charg...
quick succession, the fight being
sometimes almost hand to hand.

cept for the dead, Reno and his
brave men felt that succor was
nigh. Gen. Terry came in sight,
and strong men wept upon each
others necks, but no word was
had from Custer. Hand shaking
and congratulations were scarcely over when Lt. Bradley reported that he had found Custer dead,
... one hundred and ninety cav...
... Imagine the effect.
... not picture the feeling
... his comrades and sol...
... n. Terry sought the spot
... und it to be too true. Of
... brave men who followed
... r, all perished; no one lives
... tell the story of the battle.
Those deployed as skirmishers,
... as they fell, shot down from
... y side, having been entirely
... unded in an open plain. The
... companies fell in pla...
... d like those on the skir...
... lay as they fell, with
... behind them in their
... Gen. Custer,
... ugh the head
... o have been
... l, and around
... the bodies of
... on, his broth...
... his brother-in-
... s nephew young Reed,
... ted on accompaning the
... on for pleasure. Col. Cook
... members of the non-com...
... staff all dead—all
... of clothing and many
... with bodies terribly mu...
... e squaws seem to have
... the field and crushed
... of the wounded and
... stones and clubs. The
... e were severed from
... e privates of some
... off, while others bore
... ture, arrows having
... o their private parts
... or other means
... pted. The officers
... follows: Gen. G.
... Geo. Yates, Miles
... alhoun, W. W.
... ntosh, A. E.
... Riley, Critenden
... rington, Hodg...
... r, Asst. Surgeon
... nly citizens killed
... Custer, Mr. Reed,
... olds, Isiah, the in...
... n Ft. Rice and Mark
... latter the Tribune
... t. The body of Kel...
... remained unstripped
... and was not mutilat...
... as they had learned
... e Great Chief, Custer,
... t reason did not muti...
... ains, they had in like
... d to respect this
... the lead pencil
... attributed
this result. ... wounded were
sent to the rear some fourteen
miles on horse litters striking the
Far West sixty odd miles up the
Big Horn which point they left

Dokumentation: Mutmaßungen über ein Massaker

1. Vorgeplänkel

23. Oktober 1890

Oberst Gallagher, vormals Indianeragent in Pine Ridge, ist mit seiner Familie nach Chadron übergesiedelt, um sich hier niederzulassen. Die Stadt ist zu beglückwünschen, einen so soliden, weltoffenen Geschäftsmann zu ihren Bürger zählen zu dürfen. Solche Männer haben Chadron zu dem gemacht, was es ist, und werden zu seiner wachsenden Prosperität beitragen. Abgesehen von seinen sonstigen unbestreitbaren Qualifikationen besitzt Oberst Gallagher den Respekt und das Vertrauen der Administration, da er schon unter Cleveland [amerikanischer Präsident 1885-89 und 1893-97] auf seinen Posten berufen wurde und diesen seine ganze Amtszeit hindurch behielt, obwohl der alte Fanatiker, Regierungsbevollmächtigter Morgan, nichts unversucht ließ, um Oberst Gallagher zum Rücktritt zu zwingen, und ihn auch persönlich verunglimpfte. Der Oberst hielt auf seinem Posten aus und kann heute voller Stolz auf seine vierjährige Dienstzeit zurückblicken; aufgrund seines militärischen Könnens und seiner guten Führung hat er all seine Kritiker in ihre Schranken verwiesen.

20. November 1890

Die Truppenverbände F, I und K vom 9. Kavallerie- und Kompanie C vom 8. Infanterieregiment, stationiert in Fort Robinson, sind gestern mittag durch Chadron marschiert, auf dem Weg nach Rushville, wo weitere Verbände aus Fort Omaha und Fort Niobrara sowie sieben Kompanien aus Fort

Russell in Wyoming erwartet werden. Das Ziel dieser Truppenbewegungen ist es, dem Geistertanz der Indianer Einhalt zu gebieten, der in den vergangenen acht oder neun Monaten in mehreren Reservaten erhebliche Unruhe verursacht hat. Die Regierung ist auf dem richtigen Weg, wenn sie diesen Orgien endlich einen Riegel vorschiebt, denn anstatt von selbst abzuflauen, wie man anfangs erhoffte, breitet sich das Fieber weiter aus und niemand weiß, wo es noch hinführen wird, wenn es länger unkontrolliert bleibt: die selbsternannten Anführer der neuen Religion werden immer frecher und mißachten die Autorität des Agenten in allen das Reservat betreffenden Fragen, und dieser Zustand darf nicht länger hingenommen werden. Es besteht keinerlei Anlaß zu Sorge, denn die Truppen stehen in unmittelbarer Nähe des Reservats Gewehr bei Fuß, und es kann kein Zweifel daran bestehen, daß ihre Anwesenheit die Indianer von sich aus zur Vernunft bringen wird; falls es sich jedoch als notwendig erweist, ihnen eine heilsame Lektion zu erteilen, ist dies genau die richtige Jahreszeit dafür.

20. November 1890

Der Indianerbevollmächtigte der Regierung, Bell, meint, das Militär sollte sich nicht in den Geistertanz einmischen, es sei denn, die Indianer begingen einen offenen Akt der Aggression; ihr Fanatismus werde ganz von allein vergehen, wenn der angekündigte Messias nicht erscheine. Ursprünglich war sein mysteriöses Kommen für letzten August prophezeit, und, als er nicht erschien, gaben sie sofort eine neue Prophezeiung heraus, und das werden sie weiter so machen, wenn ihrem Treiben nicht ein für alle Mal ein Ende bereitet wird.

27. November 1890

Die Indianerfurcht hat sich fast ganz gelegt, und ihre Ursachen und Folgen, die soviel Unruhe unter Uncle Sams Soldaten auslösten, werden von offizieller Seite geprüft. Aus gutinformierten Kreisen verlautet, daß das religiöse Fieber nicht die alleinige Ursache der weitverbreiteten Unzufriedenheit war. Gebrochene Versprechen von seiten der Regierung, schlechte und ungenügende Versorgung mit Lebensmitteln waren die Hauptgründe. Langfristige Erkenntnisse liegen noch nicht vor, aber an erster Stelle muß eine radikale Änderung der Indianerpolitik stehen, Verstärkung der Grenzposten und generelle Überprüfung der Indianeragenturen. Man wird herausfinden, daß die Indianer dringend einen Messias benötigten, oder irgendeine andere übermenschliche Instanz, um ihre miserablen Lebensbedingungen zu verbessern, die durch die Schlamperei und Korruption der republikanischen Verwaltung noch verschlimmert wurden. Da sie wußten, daß von der Regierung keine Besserung zu erhoffen war, baten sie den von den Weißen so hochgepriesenen Messias um Hilfe, und, da sie den unchristlichen Charakter der Weißen von heute nur allzugut kennen, statteten sie den Messias mit den Kennzeichen ihrer eigenen Rasse aus.

Bischof Hare zu den Indianerunruhen

Sioux Falls, Süddakota, 21. November - Bischof Hare von der Episkopatskirche, der zehn Jahre lang mit der Missionsarbeit unter den Sioux-Indianern betraut war, ist gestern hier eingetroffen nach einer einmonatigen Inspektionsreise durch sämtliche Missionsstationen innerhalb des Reservats. Er bringt die besten Voraussetzungen mit, um die Lage zu beurteilen, und hat das Messiasfieber in den letzten Monaten aufmerksam verfolgt. In einem Gespräch mit dem Korrespondenten des Omaha Bee führte er aus:
»Soweit ich es von den Ergebnissen meiner Reise her beurteilen kann, ist das Messiasfieber nicht am Zunehmen, sondern am Abnehmen. Ich persönlich hätte Angst vor den unabsehbaren Folgen einer gewaltsamen Einmischung von außen zum gegenwärtigen Zeitpunkt, wo die Gemüter so erhitzt sind. Die Zeit wird die Anführer der religiösen Bewegung Lügen strafen, denn die angekündigte Krise wird nicht kommen, und in der Zwischenzeit werden sich die Indianer müde getanzt haben. Ihre Propheten sagen ein Erdbeben und die Ankunft des Messias für kommenden Neumond voraus, und wenn ihre Voraussagen nicht eintref-

fen, wird sich die Aufregung von selbst wieder legen. Wir Missionare haben schon lange Unruhen in der Art erwartet, wie wir sie jetzt erleben, und ich habe in den vergangenen Wochen mit vielen Missionsarbeitern im Reservat gesprochen, um herauszufinden, wie weit die Unzufriedenheit geht. In Standing Rock, Pine Ridge und Rosebud traf ich Gruppen von Indianern, die das Fieber fast verrückt gemacht hatte. Die Gläubigen tragen bei ihren Übungen ein spezielles Gewand aus Baumwolle, das sie »heiliges« oder »Geisterhemd« nennen und, angefeuert von ihren Anführern sowie Liedern mit dem Refrain: »Die Büffel kommen wieder«, stellen sie sich Hand in Hand im Kreis auf und wirbeln solange wild herum, bis sie ohnmächtig zu Boden fallen. Das Fieber wird von selbst wieder ausheilen. Es wäre in der Tat höchst unglücklich, Truppen hinzuschicken; das würde mit absoluter Sicherheit Krieg bedeuten.«

Big Foot wird beobachtet

Chamberlain, Süddakota, 21. November - Die am Zusammenfluß des Bellefourche und des Cheyenne-River stationierten Truppen haben Befehl erhalten, alle Vorbereitungen zu treffen, um an dieser Stelle zu überwintern. Ihr Lager befindet sich in der Nachbarschaft von Big Foots Camp, und da dieser als kriegerisch bekannte Häuptling zugleich einer der Aktivisten der Geistertanzbewegung ist, werden die Soldaten ein Auge auf ihn haben.

27. November 1890

Chicago, 22. November - Gestern morgen erhielt General Miles ein Telegramm aus Rosebud von einem seiner Offiziere. Der Offizier gibt darin den Text einer Rede von Short Bull wieder, die dieser selbsternannte Prophet in Rosebud vor Indianern gehalten hat. In seiner Rede sagte er, alles, was er ihnen prophezeit habe, werde nicht erst in zwei Monden eintreten, sondern viel früher, da die Weißen sich einmischen wollten. Die Indianer hätten nichts von ihnen zu befürchten. Ein Baum werde aus der Erde hervorsprießen, und alle Indianerstämme würden sich um ihn versammeln. »Aber vorher,« sagte er, »müssen wir bei Vollmond tanzen, und wenn Neumond kommt, wird die Erde erzittern. Wenn das geschieht, lasse ich den Wind wehen. Dann sehen wir unsere Väter, Mütter und alle Vorfahren wieder. Wir Indianer führen ein gottgefälliges Leben. Unser Vater im Himmel hat uns Zeichen gesetzt am Ende der vier Winde: eine Tonpfeife, wo die Sonne untergeht im Westen, sie stellt die Sioux dar; einen heiligen Pfeil im Norden als Wahrzeichen der Cheyenne; einen heiligen Lichtschein als Symbol für die Arapaho im Osten und eine Pfeife und eine Feder für die Krähenindianer im Süden. Mein Vater im Himmel hat mir alle diese Dinge gezeigt und mir gesagt, wir sollten weitertanzen. Wenn die Soldaten euch umzingeln, beachtet sie nicht; tanzt weiter. Wenn die Soldaten euch in Viererreihen umzingeln, dann werden drei von euch, die heilige Hemden tragen, ein Lied singen, das ich sie gelehrt habe, und viele Soldaten werden tot umfallen. Die übrigen werden zu fliehen versuchen, aber ihre Pferde werden in der Erde versinken. Die Reiter werden abspringen, aber sie werden ebenfalls in der Erde versinken, und ihr könnt mit ihnen machen, was ihr wollt. Alle Soldaten werden sterben und mit ihnen die gesamte weiße Rasse. Nur 5000 von ihnen werden überleben. Meine Freunde und Brüder, das ist die Wahrheit. Wir müssen uns am Pass-Creek versammeln, sobald der Baum zu wachsen beginnt, und die Nachricht an alle Indianer weitergeben. Ihr dürft nichts bei euch tragen. Männer und Frauen werden ihre Kleider ablegen. Mein Vater im Himmel hat das gesagt. Das einzige, was wir fürchten, sind Gewehre, aber unser Vater wird dafür sorgen, daß sie uns keinen Schaden zufügen. Was immer der weiße Mann euch erzählt, hört nicht auf ihn.«

Kriegsministerium alarmiert

Washington, 22. November - Der Indianerbeauftragte der Regierung, Bell, erhielt gestern ein Telegramm von Spezialagent Cooper aus Pine Ridge, demzufolge die Indianer noch immer tanzen. Die Polizei meldet, daß 30 Indianer aus Rosebud hier im Reservat eingetroffen sind und daß weitere 600 oder 700 dorthin unterwegs sind. Man hofft, daß die

Szenen des Geistertanzes fotografiert von James Mooney 1891 (vgl. die Bibliographie S. 157)

Geistertanzlieder (Dakota)

Maka' sito'maniyañ ukiye,
Oya'te uki'ye, oya'te uki'ye,
Wa'ñbali oya'te wañ hoshi'hi-ye lo,
Ate heye lo, ate heye lo,
Maka o'wañcha'ya uki'ye.
Pte kiñ ukiye, pte kiñ ukiye,
Kañghi oya'te wañ hoshi'hi-ye lo,
A'te he'ye lo, a'te he'ye lo,

Die ganze Welt ist im Kommen,
Eine Nation ist im Kommen, eine Nation ist im Kommen,
Der Adler hat dem Stamm die Botschaft gebracht.
Der Vater sagt es, der Vater sagt es.
Über die ganze Welt werden sie kommen.
Die Büffel werden kommen, die Büffel werden kommen,
Die Krähe hat dem Stamm die Botschaft gebracht,
Der Vater sagt es, der Vater sagt es.

Mila kiñ hiyu'michi'chiyana,
Mila kiñ hiyu'michi'chiyana.
Wa'waka'bla-kte – Ye'ye'!
Wa'waka'bla-kte – Ye'ye'!
Oñchi he'ye lo – Yo'yo!
Oñchi he'ye lo – Yo'yo!
Puye chiñyi wa'sna wakaghiñyiñ-kte,
Puye chiñyi wa'sna wakaghiñyiñ-kte,
Oñchi heye lo – Yo'yo!
Oñchi heye lo – Yo'yo!

Gib mir mein Messer,
Gib mir mein Messer,
Ich werde das Fleisch zum Trocknen aufhängen - *Ye'ye'!*
Ich werde das Fleisch zum Trocknen aufhängen - *Ye'ye'!*
Sagt die Großmutter - *Yo'yo'!*
Sagt die Großmutter - *Yo'yo'!*
Wenn es trocken ist, werde ich Pemmikan machen,
Wenn es trocken ist, werde ich Pemmikan machen,
Sagt die Großmutter - *Yo'yo'!*
Sagt die Großmutter - *Yo'yo'!*

Indianerunruhen ohne Blutvergießen beigelegt werden können. Alle möglichen Gerüchte sind im Umlauf.
Im Laufe des Nachmittags lief die folgende Depesche von General Miles im Kriegsministerium ein: die Zahl der Indianer, die von Rosebud nach Pine-Ridge unterwegs sind, wächst. Es gibt Anzeichen dafür, daß der Messiaswahn sich über die Rocky Mountains bis zur Nordwestgrenze und weiter bis nach Kanada hinein ausbreitet.
Staatssekretär Proctor nahm die Depeschen in die Kabinettssitzung mit, wo sie lebhafte Diskussionen auslösten.
Staatssekretär Proctor meinte, der Vorschlag von General Miles, zusätzliche Truppen in Alarmbereitschaft zu versetzen, sei bereits von der Regierung vorweggenommen worden. Befehle an die zuständigen Kommandeure, ihre Truppen für den Ernstfall einsatzbereit zu halten, seien bis herunter nach Texas ergangen. In jedem Fall beabsichtige das Kriegsministerium, die in Nord- und Süddakota liegenden Truppen im Winter durch auswärtige Divisionen zu verstärken: auf diese Weise solle eine überwältigende Militärmacht zusammengezogen werden rund um die Reservate, wo die Erregung am stärksten ist, um so einen möglichen Indianeraufstand im Keim zu ersticken.

Aussagen eines Rosebud-Indianers

Valentine, Nebraska, 22. November - Ein Indianer aus Rosebud namens Short war heute hier in der Stadt. Einem Dolmetscher erzählte er, die Messiasanhänger aus Rosebud und Pine Ridge hätten sich am Pass-Creek versammelt; jeder Indianer, der sich ihrem Lager nähere, werde gezwungen, sich ihnen anzuschließen oder zu gehen; in letzterem Fall müsse er sein Gewehr mitsamt Munition abgeben. Der Pass-Creek liegt am Rand der Badlands, und es sei die Absicht der Indianer, sich im Falle eines Angriffs dorthin zurückzuziehen, von wo es fast unmöglich sei, sie wieder zu vertreiben. Er erzählte, der zuständige Kommandeur, Oberst Smith, habe zwei Reservatspolizisten mit einer Botschaft zu den Indianern geschickt, deren Inhalt er nicht kenne. Eine soeben per Telephon eingetroffene Meldung aus Rosebud besagt, daß die Indianer sich in Richtung Badlands absetzen.

Reservatspolizisten entwaffnet

Pierre, Süddakota, 22. November - Leutnant Hale, soeben aus Fort Benett eingetroffen, berichtet, die Indianer hätten damit gedroht, jede Einmischung von außen mit Waffengewalt abzuwehren. Reservatspolizisten, die auf dem sofortigen Abbruch des Tanzes bestanden hätten, seien von den Tänzern entwaffnet und ins Fort zurückgeschickt worden. Eine zusätzliche Kompanie sei als Verstärkung von Fort Sully nach Fort Bennett in Marsch gesetzt worden, um notfalls eingreifen zu können. Man befürchtet, daß jederzeit ein Aufstand losbrechen kann, aber die Indianer sind die Kontrolle durch die Regierung schon so lange gewöhnt, daß es zweifelhaft erscheint, ob sie wirklich Gewalt anwenden werden.

Bewaffnet unterwegs zu Jesus

Merino, Wyoming, 22. November - Transportbegleiter aus dem Westen berichten von zahlreichen Trupps von Indianern, die aus verschiedenen Richtungen nach Belle Fourche unterwegs sind. Alle sind bis an die Zähne bewaffnet und führen große Mengen Vorräte und Munition mit sich. Die Bevölkerung ist verängstigt und hält es für unverantwortlich, den Indianern zum gegenwärtigen Zeitpunkt das Verlassen ihrer Reservate zu gestatten. Es handelt sich hauptsächlich um Ogalala Sioux aus Pine Ridge. Bad Billie und zwei andere Krähenindianer aus dem Crow-Reservat sind bei ihnen und scheinen sich bestens mit den Sioux zu vertragen. Ein erfahrener alter Westmann äußerte die Überzeugung, die Indianer hätten nichts Gutes im Sinn. Sie gäben vor, unterwegs zu Jesus Christus zu sein, könnten aber keinerlei Beweise für diese Behauptung vorlegen. Dem Vernehmen nach fühlen sich die Händler so bedroht, daß sie anfangen ihre Posten zu verlassen, um sich in Sicherheit zu bringen.

27. November 1890

Letzten Freitag begaben sich die Herren Oberst Gallagher, John G. Maher, G. E. Trager und C. W. Allen ins Reservat, um aus erster Hand Informationen über den »Indianeraufstand« zu sammeln, aber sie kehrten am nächsten Morgen ohne aufregende Neuigkeiten zurück. Am Dienstag wagten sich die Herren Trager und Allen erneut in die Höhle des Löwen, letzterer beladen mit einem photographischen Apparat, mit dem er Szenen des berüchtigten »Geistertanzes« festzuhalten hoffte – unter Lebensgefahr natürlich. Mr. Allen bewaffnete sich mit Papier und Bleistift und wird die ganze Nacht hindurch wertvolles Petroleum vergeuden, um den New York Herald mit letzten Meldungen von der Indianerfront zu versorgen. Schatzmeister Brower und Oberst A. E. Sheldon sind als Leibwächter mit von der Partie. Falls die Indianer ihnen den Krieg erklären – was beim Anblick der vier Haudegen aus Chadron niemanden verwundern würde – wird Oberst Sheldon den Aufstand niederschlagen, indem er seine letzte poetische Produktion vorträgt, übersetzt in die Sioux-Sprache für diesen speziellen Anlaß, und falls das noch nicht den gewünschten Effekt hat, wird er »den gleichen Text noch einmal« vorlesen. Daraus geht deutlich hervor, daß von den Indianern im Augenblick keine Gefahr droht. Wenn sie das Reservat nicht verlassen, wird niemandem ein Haar gekrümmt werden, sollten sie sich aber unter dem Befehl von General Brooks auf den Kriegspfad begeben, wird das Gedicht von Oberst Sheldon sie zum Rückzug zwingen. Arme Teufel! Von zwei Übeln werden sie sicherlich das Kleinere wählen und friedlich in den Schoß ihrer Familien zurückkehren.

Aus Pine Ridge werden keine besonderen Vorkommnisse gemeldet, abgesehen von der Ankunft zusätzlicher Soldaten. Die Indianer setzen den Geistertanz weiter fort, aber man nimmt an, daß sie die Befehle des wachhabenden Offiziers befolgen, sobald dieser den Mund aufmacht. Die gestrige Meldung, wonach die Indianer ihre Waffen niedergelegt hätten, entbehrte jeglicher Grundlage, wie wir von Oberst Sheldon, der gestern Abend aus dem Reservat zurückkam, soeben erfahren haben. Das hat auch kein Mensch von ihnen verlangt. Bis jetzt ist alles ruhig geblieben, und niemand hier im Reservat, abgesehen von einigen äußerst zartbesaiteten Seelen, erwartet auch nur den geringsten Ärger.

Unsere Jungs sind schwer enttäuscht, daß sie nicht an die Front geworfen wurden und keine Gelegenheit bekamen, die

Prärie von aufsässigen Indianern zu säubern und sich mit unsterblichem Ruhm zu bedecken. Sie wollten den Rothäuten eine böse Lektion erteilen und sie einzeln verhackstücken, aber aus Angst vor einem Massaker und aus Mitleid mit den unschuldigen Kindern der Wildnis blieben die Behörden taub gegenüber allen fanatischen Appellen, die Roten mit eisernem Besen auszukehren, so daß unsere Jungs sich damit begnügen mußten, ihre Stuben zu fegen und unter Absingen kämpferischer Lieder in die umliegenden Bars einzufallen.

Am Montag brachten einige Bürger eine Unterschriftenliste in Umlauf aus Protest gegen die sensationelle Berichterstattung der »Omaha Bee« und des »World Herald« über die angeblichen Indianerunruhen, die seit Wochen die Spalten der Zeitungen füllen. Obwohl der Protest wahrscheinlich nichts ausrichten wird, ist er zweifellos ein Schritt in die richtige Richtung, denn die Anpreisung von unwahrscheinlichen und schreienden Falschmeldungen in den hiesigen Zeitungen ist für diesen Teil des Landes äußerst schädlich und wird seine weitere Besiedlung um Jahre verzögern. Damit muß endlich Schluß sein!

Am Dienstag Abend fand im Gerichtssaal eine Bürgerversammlung statt mit dem Ziel, das Kriegsministerium zu veranlassen, endlich der »roten Gefahr« entschlossen entgegenzutreten. Entsprechende Resolutionen wurden verabschiedet und nach Washington übermittelt.

S. B. Shirk ist von seiner Ranch im Reservat herübergekommen, um ein paar Tage mit alten Bekannten in der Stadt zu verleben. Mr. Shirks Ranch liegt etwa 80 Meilen von der Stadt entfernt am White River, und die Indianer kampieren nur 15 Meilen von seiner Ranch entfernt, aber bis gestern wußte Mr. Shirk nichts von einer »roten Gefahr«.

William Parker und seine Gattin aus Pine Ridge haben ihre Tochter in der Stadt besucht, während die »rote Gefahr« weiter andauert. Mrs. Parker ist Lehrerin im Reservat und hat viele Freunde unter den Indianern, so daß sie nicht das Geringste von ihnen zu befürchten hat.

27. November 1890

Wir sehen keinen Grund für all die Aufregung über den Geistertanz der Indianer. Die Republikanische Partei führte ihren Geistertanz am 4. November durch, ohne daß irgendjemand davon Notiz nahm, obwohl er sich von Maine bis nach Kalifornien ausbreitete.

Die sensationelle Meldung in der Presse letzte Woche, ein Indianer habe in Rushville einen Soldaten getötet, war frei erfunden und enthält kein Gramm Wahrheit. Der Bursche, der in Chadron erzählte, er sei Augenzeuge des grauenhaften Massakers gewesen, war ein elender Lügner, dem außer der Presse hier keiner Glauben schenkte.

»Umzingelt von Roten« lautete die flammende Schlagzeile einer Tageszeitung in Omaha anfang der Woche, aber aus dem dazugehörigen Artikel ging hervor, daß die »Roten« aus alten Männern, Squaws und Kindern bestanden. Die Zeitungsleute in Omaha machen sich zum Gespött von jedermann, eingeschlossen Häuptling Rote Wolke und seine »blutdürstigen Wilden«.

Buffalo Bill, der unerschrockene, langhaarige Western-Scout, hat sich losgerissen von den Freuden der Alten Welt und der verführerischen Gesellschaft von Königinnen und Königen, Assen und Nieten, um sich erneut einem blutigen Kriegsschauplatz zuzuwenden und sich der Vernichtung von Whisky und Zigarren auf Regierungskosten zu widmen. Büffel Bills langjährige Erfahrung in der Wildnis am Omaha und North Platte River wird zweifellos den verzärtelten Kadetten von West Point zustatten kommen, die gewöhnt sind, ihren Whisky mit Zucker und Zimt zu trinken.

Rosebud genau der richtige Ort für einen Überfall

Rosebud Reservat, 26. November (Exklusivbericht für die »Omaha Bee«) - Die Verteilung der Rindfleischrationen verlief friedlich. Keinem Indianer wurde sein Fleisch vorenthalten, selbst die Krieger aus den Lagern von Two Strikes, Crow Dog und White Horse erhielten ihre Rationen. Es wurden keinerlei Verhaftungen vorgenommen. Short Bull und die Aufständischen sind zum Corn Creek gezogen, ungefähr 78 Meilen von Rosebud und Pine Ridge entfernt.

Einige von ihnen haben ihre Frauen und Kinder mitgenommen sowie alles Vieh, dessen sie habhaft werden konnten. In Rosebud wird kein offener Angriff erwartet. Pine Ridge ist ein Fort, während Rosebud ideale Bedingungen für einen Überfall aus dem Hinterhalt bietet. Die Agentur liegt in einem Talkessel, zu dem sechs tiefe, gewundene Cañons führen. Jeder von ihnen könnte bis zu 2000 Indianer aufnehmen, ohne ihre Anwesenheit zu verraten. Oberst Smith meint: »Um die Agentur durch Patrouillen zu schützen und zu bewachen, habe ich nicht genug Leute. Der alte Fuchs Spotted Tail hat diesen Standort nur im Interesse der Indianer ausgesucht, und aus keinem anderen Grund.«

Abgesehen von den Badlands gibt es kaum ein Gelände, aus dem man so schwer wieder hinausgelangt. Im Augenblick halten die Kompanien A, B und H von der 8. Infanteriedivision, sowie A und G vom 9. Kavellerieregiment die Stellung. Eine Kompanie hat sich auf einem Hügel eingegraben, von dem aus sie zwei der Cañons beherrscht. Der Rest des Kommandos hat in der Nähe der Agentur sein Lager aufgeschlagen, an der einzigen Stelle, von der aus die Agentur einigermaßen geschützt werden kann, aber zum Kampieren ist das Gelände denkbar ungeeignet. Trotzdem sind dort das ganze Jahr über Hunderte von Soldaten stationiert.

»Wir sind kaum stark genug, uns selbst zu verteidigen«, sagte uns Hauptmann Porter heute, »ansonsten können wir nichts tun – nicht einmal einen Ausfall unternehmen«. Im Augenblick rechnet niemand mit einem Angriff. Sollte jedoch der Befehl gegeben werden, die Aufständischen zu verfolgen – was wird dann aus der Agentur? Die genaue Kampfstärke der Rebellen kennt keiner. Viele Indianer sind nach der Ankunft der Soldaten aus Furcht zu den Aufständischen übergelaufen. Wenn man ihnen klarmachen könnte, daß den Zurückgebliebenen nichts passiert, würden viele von ihnen nach Hause zurückkehren. Rosebud befindet sich in einer komplizierten Lage. Crow Dog, White Horse und Two Strikes scheinen die Stimmung weiter anzuheizen und dabei Short Bull als Werkzeug zu benutzen. Die Reservatspolizei ist in Alarmbereitschaft versetzt und die Bewachung der Rinderherden verstärkt worden. Die Halbblutindianer, die das Gelände wie ihre eigene Westentasche kennen, leisten gute Arbeit und gelten im allgemeinen als loyal und zuverlässig. Die Wiedereinsetzung von Agent Wright auf seinen Posten stößt in Rosebud allgemein auf Zustimmung.

Die Lage in Pine Ridge

Pine Ridge, Süddakota, 29. November (Exklusivbericht für den »New York Herald«) - Gestern abend kam hier das Gerücht in Umlauf, daß das 7. und 9. Kavallerieregiment um Mitternacht zu dem feindlichen Lager am Porcupine Creek in Marsch gesetzt werden soll, um die Ausschreitungen der Indianer zu beenden und ihre Rädelsführer zu verhaften. Die Meldung erschien glaubwürdig, und da nichts Gegenteiliges aus dem Hauptquartier verlautete, setzte unter den Pressevertretern ein Wettrennen ein nach Pferden und anderer Ausrüstung für den Feldzug ins feindliche Indianerland. In der Agentur brach plötzlich fieberhafte Aktivität aus, Pferde wurden gesattelt, Packpferde mit Decken und Vorräten beladen und alles vorbereitet, um von einer Minute zur andern zur Front ausrücken zu können. Das Lager war bis zum Morgengrauen in hektischer Bewegung, aber kein Marschbefehl wurde erteilt, die Truppen blieben in Alarmbereitschaft. Die aus den feindlichen Lager eingegangene Nachricht, daß die Indianer sich auf die Agentur zubewegten, hatte anscheinend das Ausrücken der Truppen verhindert. Die Ankunft der feindlichen Verbände wird für heute Abend erwartet, und man nimmt an, daß die zu ihrem Empfang getroffenen Maßnahmen die weitere Entwicklung der Dinge entscheidend beeinflussen werden.
Scouts brachten letzte Nacht Informationen aus dem Camp von Red Dog am Wounded Knee Creek, aus denen der Fanatismus der Indianer in ihrem Messiasglauben hervorgeht. Mrs. Eagle Horn, die Gattin eines prominenten Anhängers des Messiaswahns, hatte in den vergangenen Wochen als Wakan, d. h. Wundertäterin, große Berühmtheit erlangt. Um ihre überirdischen Fähigkeiten zu demonstrieren, rief sie gestern den ganzen Stamm zusammen und behauptete, sie könne die Indianer unverwundbar machen gegen die Kugeln der weißen Soldaten. Porcupine, einer der Anführer, der großes Vertrauen in ihre Wunderkräfte besaß, bot sich

freiwillig als Versuchsperson an. Man einigte sich darauf, daß Porcupine seinen Mustang besteigen und allein gegen die übrigen Krieger kämpfen sollte. Nachdem die Wundertäterin ihm ihren Segen gegeben hatte, wollte er sein Pferd besteigen, löste dabei jedoch versehentlich an seiner Winchester einen Schuß aus, der ihn unterhalb des Knies traf und schwer verletzte. Eine allgemeine Panik brach aus, und viele Stimmen erhoben sich gegen die Wundertäterin, die als Betrügerin entlarvt wurde. Sie verlor die meisten ihrer Anhänger und wurde bei den Stammesberatungen in die letzte Reihe verbannt. Solche Beispiele können eine Menge Gutes bewirken, um die Indianer von ihrem fanatischen Glauben zu kurieren; aber selbst ohne Einmischung von außen werden sie in kurzer Zeit ihren Irrtum erkennen und dem Messias die Gefolgschaft aufkündigen, der sie von der Vorherrschaft des Weißen Mannes befreien soll.

Heute wurde im Büro der Agentur zwischen Little Wound, dem feindlichen Anführer, und den gesetzlichen Autoritäten Kriegsrat gehalten. Anwesend waren die Agenten Royer, Cooper und der Korrespondent des »Herald«, sowie die Häuptlinge Bad Yellow Hair, das Oberhaupt der Geistertänzer von Wounded Knee, Yellow Bear, Broken Arm und Wounded Bear, aus dem Lager von Little Wound, der die Gefühle seines Stammes gegenüber der Regierung zum Ausdruck brachte. Er äußerte die Vermutung, der Geistertanz sei von außerhalb organisiert worden, um die unwissenden Indianer noch besser kontrollieren zu können und ihr Vertrauen in ihre Häuptlinge zu untergraben. Der eigentliche Kriegsrat wird erst dann stattfinden, wenn die Hauptmacht des Gegners in der Agentur eintrifft.

Die Bewegungen der feindlichen Indianer werden sorgfältig beobachtet durch die von den Behörden angestellten Scouts, und jede Bewegung des Gegners wird sofort dem Agenten und den Militärbehörden übermittelt. Das im Osten der Agentur gelegene Camp freundlich gesinnter Indianer ist nachts Schauplatz wilder Tänze und Exzesse, welche die umliegende Wildnis mit ihren bizarren Hügeln und Cañons noch unheimlicher erscheinen lassen.

Es treffen laufend Berichte ein aus dem feindlichen Lager, nach denen die jungen Haudegen, ebenso wie einige der älteren Indianer, in regelmäßigen Abständen im Kreis herumreiten, um auf diese Weise ihre Kampfbereitschaft zu demonstrieren. Erfahrene Westmänner meinen jedoch, das Ganze sei nur ein Täuschungsmanöver: die älteren und weiseren Indianer würden die jüngeren davon abhalten, zu den Waffen zu greifen.

Man hofft inbrünstig auf einen Kälteeinbruch, da das gegenwärtige, viel zu milde Wetter den kriegerischen Geist der Indianer aufstachelt und sie noch frecher und herausfordernder werden läßt. Eine richtige Kältewelle, heißt es hier, könnte Wunder bewirken, um die Glut der vom Messiasfieber heimgesuchten Indianer abzukühlen und sie von ihrem pseudoreligiösen Wahn zu heilen.

Spezialagent Cooper meinte heute Nachmittag: »Der augenblickliche Stand der Dinge läßt die Lage von Tag zu Tag bedrohlicher erscheinen. Die uns freundlich gesonnenen Indianer sind in die Nähe der Agentur geflüchtet, während die Rebellen ihre Häuser und ihren Besitz zerstören, ohne daß wir etwas dagegen unternehmen können.«

30. November – Heute Morgen wurden Scouts ausgeschickt, die am Abend mit der Nachricht zurückkamen, daß die feindlichen Indianer sich in die Badlands abgesetzt haben, und es ist jetzt so gut wie sicher, daß das Militär in ein, zwei Tagen ihre Verfolgung aufnehmen wird.

C. W. Allen

Eine Stellungnahme zur Indianergefahr

Washington, 29. November - Oberst Thomas M. Vincent, Generaladjutant im Armee-Hauptquartier hier in Washington, hat lange Jahre an der Grenze gelebt inmitten der Indianer, die augenblicklich in Pine Ridge und Standing Rock so viel Ärger verursachen. »Meine Erfahrung im Umgang mit meinen roten Brüdern,« sagte der Oberst, »hat klar gezeigt, daß sie mit Vorliebe prahlen und drohen, besonders dann, wenn sie die Bleichgesichter damit beeindrucken können. Agent Royer in Pine Ridge ist anscheinend durch die ringsum herrschende Aufregung angesteckt worden, als er seine alarmierenden Telegramme an die Indianerbehörde schickte. Ich selbst nahm die angebliche Bedrohung weniger ernst, bis die Berichte von McLaughlin eintrafen, der aufgrund seiner langjährigen Tätigkeit über größere Erfahrung im Umgang mit den Indianern verfügt. McLaughlin kennt den indianischen Charakter ziemlich genau, und als er Alarm schlug, hieß das für uns, auf der Hut zu sein. Aber er verfügt über ein wirksames Gegenmittel durch die Ernennung von 500 ›guten‹ Indianern zu Scouts, denn ähnlich wie sein weißer Bruder läßt sich der Indianer durch entschlossenes Handeln leicht beeindrucken. Diese neuen Männer sind von unschätzbarem Wert nicht nur bei der Bekämpfung der Unruhen, sondern als gutes Beispiel für die übrigen Indianer, die nicht das Glück hatten, von der Regierung eine blaue Uniform mit Messingknöpfen verpaßt zu bekommen.«

Indianer sollen entwaffnet werden

Rushville, Nebraska, 30. November - Die Situation ist die, daß etwas getan werden muß, um die Entsendung der Truppen zu rechtfertigen. Dieses »etwas« ist, wie es nunmehr heißt, daß die Indianer entwaffnet werden sollen. Nach Ansicht der erfahrensten Leute hier hat die Regierung genug getan, indem sie den Indianern ihre Fähigkeit demonstriert hat, einen Aufstand mit Waffengewalt niederzuschlagen, und das, so nimmt man an, wird Indianerunruhen auch in Zukunft verhindern. Der Befehl, die Waffen niederzulegen, wird täglich erwartet. Ein bezeichnendes Detail für das Verfahrene der Situation ist die Anwesenheit von Dr. McGillycuddy, der auf Wunsch der zuständigen Behörden ins Reservat gekommen ist. Man kann sich leicht vorstellen, welche Gefühle die Indianer für ihren neuen Agenten hegen müssen, wenn ihr alter Agent zurückberufen wird, um den Streit beizulegen.Ursprünglich sollte Dr. McGillycuddy nur einen Tag bleiben, aber auf Wunsch der Behörden hat er seinen Aufenthalt hier verlängert. Jedermann bringt ihm das größte Vertrauen entgegen, was von seinem Nachfolger nicht behauptet werden kann, im Gegenteil: niemand nimmt ein Blatt vor den Mund, wenn es darum geht, Mr. Royers Politik für den Ausbruch der Unruhen verantwortlich zu machen. Das ist jedoch nur zum Teil richtig. Es handelt sich um eine Welle von Unzufriedenheit, die von Rushville ausgehend das ganze Reservat erfaßt hat. Mr. Gallaghers Vergangenheit wird zum Beweis herangezogen, und fast jedermann ist der Meinung, daß er mit ein bißchen mehr Rückgrat eine Menge Ärger würde vermieden haben. Es gibt erfahrene Haudegen unter den Armeeoffizieren hier, und die meisten von ihnen äußern deutlichen Widerwillen angesichts der entstandenen Lage, die sie einem Mangel an Rückgrat zuschreiben. Man glaubt hier allgemein, daß ein parlamentarischer Untersuchungsausschuß und eine Reform der Indianerbehörde unumgänglich ist, und nennt die jetzige Affäre als Beweis. Es gibt keinen einzigen Indianer in Pine Ridge der von Krieg gesprochen hat, und keiner der vierzehn Korrespondenten hier hat etwas Dahingehendes gehört.

Man nimmt an, daß Fort Meade der Schauplatz der Schlacht sein wird. Die Garnison dieses Forts, so wird behauptet, werde zusammen mit anderen zur Verstärkung herangeführten Verbänden einen Ausfall ins Reservat unternehmen, während zur gleichen Zeit die in Pine Ridge stationierten Truppen losschlagen. Zug H vom 8. Kavallerieregiment, der bisher am Belle Fourche Fluß patrouilliert hat, ist nach Fort Meade zurückbeordert worden.

An der Pressefront

Pine Ridge, 2. Dezember 1890 - Folgende Zeitungen haben ihre Korrespondenten nach Pine Ridge geschickt, wo sie die einlaufenden Meldungen studieren, echte Nachrichten von leerem Geschwätz zu trennen versuchen oder alle Sensationsregister ziehen – je nachdem wie ihre Blätter sie instruiert haben: Der »New York Herald«, die »Chicago Tribune«, der »Herald«, die »Inter Ocean Times«, die »St. Paul Pioneer Press«, die »Omaha Bee« und der »World Herald« sowie das »Lincoln State Journal«. Die folgenden Gesprächsfetzen wurden beim Kriegsrat der Reporter aufgeschnappt:

»Still und friedlich liegt das schlafende Dorf im Tal.
Ich stopf mir noch 'ne Pfeife und ersinn' Stories ohne Zahl.«
(Seymour)

»Ich bin der Größte und sehe alles – der ›World Herald‹ ist immer dabei.« (Cressy)

»Das ›State Journal‹ führt diesen Krieg nach seiner hauseigenen Strategie.« (W. F. K.)

»Ich habe Little Wounds Mustang gezähmt und gesattelt und bin mit ihm in die Redaktion der ›Chicago Times‹ geritten, und mit meiner Schreibfeder als Waffe werde ich den Geist von Short Bull in die Setzerei treiben.« (Richter Barnes)

»Indianer in den Badlands beim Pferdediebstahl
Fünfzehnhundert Soldaten erwarten Befehle vom General.«
(Boylan)

»Der ›New York Herald‹ bringt's.« (Burkholder)

»Ich wünschte, irgendjemand in diesem Reservat würde mir eine Story erzählen, die den Heiligenschein der Wahrheit auch nur 15 Minuten lang behält. Ich habe es satt, von Stachelschweinborsten durchbohrt zu werden und als Pfeifenrauch in den Himmel zu steigen, und da ich dem Ehrgeiz, diesem ›glänzenden Lügner‹, niemals erlaubt habe, meine Schreibstube zu betreten, verzichte ich auf die Ehre, dereinst in einem Mineralienkabinett als versteinertes Fossil aus den Badlands ausgestellt zu werden. Wenn nicht bald etwas passiert, werde ich Crow Dog persönlich einen Besuch abstatten!« (Hawkins)

»Dieser Krieg erinnert an die geologische Formation der Black Hills:
Es gibt keine klar erkennbaren Gesteinsschichten.«
(Professor Bailey)

»Buffalo Bills Indianer haben noch keinem Weißen ein Haar gekrümmt. Überzeugen Sie sich selbst!« (Major Burke)

»Ich durchstreifte die Badlands kreuz und quer
und kampierte in Wounded Knee
doch mein Mut wird schwach
von dem lauten Krach
und dem schlimmen Getu der bösen Sioux
jeden Tag – in der ›Omaha Bee‹.« (Büffelleder Jack)

»Gehen wir zur Kompanie K vom 9. Kavallerieregiment und lassen uns von Leutnant Bettens einen Schluck kühles, klares Flußwasser kredenzen.« (Allen)

4. Dezember 1890 - Die Indianerhysterie hat zumindest ein greifbares Resultat erzielt: sie hat eine Menge Lügner und Sensationshascher auf den Plan gerufen, unter denen C.H.C.,

Sonderkorrespondent der »Omaha Bee«, und W. F. K., vom »State Journal«, an erster Stelle stehen. Seit dem Ausbruch der gegenwärtigen Unruhen legen sie eine ausgeprägte Neigung an den Tag, jedes kleinste Vorkommnis ohne Rücksicht auf Vernunft und Wahrheit aufzubauschen und blutrünstige Stories zu erfinden, um dem schlechten Geschmack ihrer Leser zu schmeicheln und den Absatz ihrer Zeitungen zu steigern. Solange die Öffentlichkeit bereit ist, fast alles zu glauben, was mit Indianerangelegenheiten zu tun hat, mag der unsaubere und unredliche Journalismus dieser Zeitungen Erfolg haben, aber in ruhigeren Zeiten, wenn die angekündigten Aufstände und Schlachten nicht stattgefunden haben und die zahllosen Meldungen von Kriegstänzen und Überfällen Lügen gestraft worden sind, werden all diejenigen, die ihnen jetzt Beifall klatschen, diese Zeitungen verdammen. Sie werden die Wahrheit zu lesen verlangen und empört sein über den Schwindel, den skrupellose und prinzipienlose Zeitungen jahrelang mit ihnen getrieben haben.

Große Aufregung herrschte letzten Dienstag in Brewster, Blaine County. Ein angeblich von einem Indianer-Agenten in Valentine abgesandtes Telegramm soll die Siedler aufgefordert haben, sich zu bewaffnen und den »roten Teufeln« in den Weg zu stellen, die von Rosebud nach Süden unterwegs seien. Nachdem eine Menge eingebildetes Blut vergossen worden war, kam heraus, daß es sich bei dem Telegramm um eine Fälschung handelte. Die Bürger von Brewster weigern sich jetzt, ihre Gewehre niederzulegen, und suchen weiter nach dem Unbekannten, der sie an der Nase herumgeführt hat, um ihm einen heißen Empfang zu bereiten, den er so schnell nicht vergessen soll.

Eine Dame aus den Bergen von Tennessee behauptet von sich, sie sei die Schwester des berühmten Sioux-Häuptlings Rote Wolke, den die Indianer im zarten Alter von drei Jahren aus seinem Elternhaus entführt hätten; mit der Zeit habe er sich so an die indianische Lebensweise gewöhnt, daß er sich weigere, zu seiner noch immer untröstlichen Familie zurückzukehren, und sich stattdessen den letzten Überlebenden einer einst stolzen Rasse angeschlossen habe. Vielleicht ist Mr. Red Cloud die Geschichte inzwischen entfallen, aber wenn er morgen den entsprechenden Artikel im »Democrat«

liest, wird er sein undankbares Verhalten augenblicklich bereuen und für den Rest seiner Tage den Lebensabend seiner Verwandten in Tennessee versüßen.
Der Indianerbeauftragte der Regierung, Bell, bekam heute ein Telegramm von Sonderagent Lea aus Pine Ridge, demzufolge die Indianer keinerlei Not leiden. Seiner Ansicht nach sind die augenblicklichen Probleme nicht auf Hunger zurückzuführen. (Depesche aus Washington)
Wer ist dieser Mr. Lea, der die Frechheit hat zu behaupten, die Indianer in Pine Ridge litten an Überernährung? Unserer Meinung nach ist er ein unverschämter Lügenbold und Betrüger, einer von der Spezies von Leuten, deren Anstellung durch die Behörde an dem gegenwärtigen Ärger mit den Indianern schuld ist.

Lawrence, Kansas, 26. November - Joe Abner, ein Cheyenne-Indianer aus dem Cheyenne- und Arapaho-Reservat im Indianergebiet, sagt, daß der Messiaswahn auch die Indianer im Süden ergriffen hat; sie hätten sich bewaffnet und würden immer unruhiger. Ein Sioux-Indianer sei als Missionar aus dem Norden zu ihnen gekommen, um seine Religion unter den südlichen Stämmen zu verbreiten. Die neue Religion hat inzwischen auch die Kiowas, Komanchen und Apachen erreicht, deren Reservate an die der Cheyenne und Arapahoe-Indianer anschließen; bei allen Stämmen werden Geistertänze abgehalten und die Indianer werden von Tag zu Tag unruhiger und verzweifelter, je näher das Kommen des neuen Messias rückt.

Buffalo Bills Mission

Bismarck, Norddakota, 28. November - Gestern Nachmittag traf Buffalo Bill hier ein und machte sich sofort auf den Weg ins Standing Rock-Reservat, in Begleitung von Frank Powell, besser bekannt unter dem Namen »White Beaver«, und R. H. Harlan, bekannt als »Pony Bob«. Die drei wollen dem Lager von Sitting Bull einen Besuch abstatten, der, wie man sich erinnern wird, am Samstag nicht auf der Agentur erschienen ist, um seine Rindfleischration in Empfang zu nehmen, sondern stattdessen ausrichten ließ, sein Kind sei krankgeworden. Man nimmt an, daß Buffalo Bill ausgeschickt worden ist, um den Ursachen des Messiasfiebers auf den Grund zu gehen.

4. Dezember 1890 - Die Kompanien I vom ersten, F vom zweiten und C vom neunten Kavallerieregiment, sowie das 2., 7., 12., und 13. Infanterieregiment, unter dem Befehl von Hauptmann Carr aus Fort Leavenworth, Kansas, sind heute morgen hier durchgekommen, auf dem Marsch nach Fort Meade in Süddakota. Sie sind circa 1800 Mann stark.
Letzten Donnerstagabend trafen sich ein paar Siedler am Bordeaux Creek, um die Lage im Indianerland zu erörtern; im Verlauf der Diskussion schoß Marion Thornton mit einem 32-Kaliber-Colt auf Frank Strickland, der eine Fleischwunde an der Hüfte erlitt. Thornton stellte sich am nächsten Tag freiwillig der Polizei. Stricklands Zustand gilt nicht als ernst.
C. W. Allen kam gestern für ein paar Stunden aus der Agentur herüber. Er berichtete, im Augenblick sei alles ruhig, aber die Soldaten würden bald den Befehl bekommen, in die Badlands auszurücken, um den feindlichen Sioux einen Besuch abzustatten.
Hauptmann Neal hat von General Cole Anweisung bekommen, alle verfügbaren Gewehre an die Bevölkerung zu verteilen, damit sie sich gegen mögliche Indianerüberfälle zur Wehr setzen kann.
Circa hundert Cheyenne-Indianer wurden letzten Freitag nach Fort Robinson gebracht, um dort als Scouts vereidigt zu werden. Auf dem Rückmarsch nach Pine Ridge kamen sie gestern durch die Stadt.
G. E. Trager kehrte Freitagabend aus der Agentur zurück, vollbepackt mit photographischen Aufnahmen von Infanterie- und Kavallerielagern, Geistertänzen, Ausgabe von Rindfleischrationen u. a..

Bericht vom Kriegsschauplatz

Pine Ridge, 10. Dezember 1890 (Exklusiv für den »Democrat«) - Im Augenblick gibt es von hier wenig Neues zu berichten. Morgen soll noch einmal Rindfleisch ausgegeben

werden, und das allgemeine Gewühl und die Aufregung sind für jedermann von Interesse, der dieses Schauspiel zum erstenmal sieht.
Die Händler und Kaufleute haben alle Hände voll zu tun, da die Soldaten gerade ausbezahlt worden sind. Die Stadt Chadron profitiert einträglich von diesem Geschäft: täglich treffen Wagenladungen mit neuen Waren ein.
William Hudspeth, wohnhaft am Slim Buttes Creek, ungefähr vierzig Meilen westlich der Agentur, kam heute früh hier an, um die Mustangs der Indianer zu inspizieren, auf der Suche nach einundzwanzig Pferden, die von seiner Ranch gestohlen worden sind. Er sagte, als er am Morgen ausgeritten sei, um die Pferde einzutreiben, habe er ihr Fehlen bemerkt; an ihrer Stelle seien vier Mustangs mit Stoffstreifen an der Mähne dagewesen.
Ein Kurier aus dem feindlichen Camp am White River traf heute Nachmittag hier ein mit der Nachricht, daß die Indianer gestern den ganzen Tag über beratschlagt hätten; trotz des heftigen Widerstandes einiger jüngerer Krieger hätten sie den Beschluß gefaßt, morgen zur Agentur zu ziehen und vorher das von ihnen gestohlene Vieh laufen zu lassen. Baptiste Pourier hat dreizehn Stück Vieh eingefangen, und man nimmt an, daß die Haudegen aus den Badlands in nächster Zeit hier eintreffen, falls dieser Bericht nicht vom nächsten Kurier wieder über den Haufen geworfen wird.
Später, am gleichen Tag: Die Indianer aus den Badlands sind noch nicht angekommen, werden aber morgen in der Agentur erwartet. General Miles wird ebenfalls hier erwartet.

Zuviel Seife

Bad River, Süddakota, 27. November 1890 (Von unserem Sonderkorrespondenten) - Lauf schleunigst zu Mary und bring ihr die Nachricht, daß wir von Indianern auf dem Kriegspfad umzingelt sind; Frauen und Kinder fliehen in die Stadt, um sich dort in Sicherheit zu bringen, usw.. Haarsträubende Geschichten werden erzählt über das, was die Indianer mit uns vorhaben. Es heißt, daß die U.S.-Armee bis zum letzten Mann aufgerieben wird und »daß die Mormonen auf seiten der Roten kämpfen«. Dann wieder heißt es, die

Indianer, die gar keine Waffen haben, hätten sich an der Straße nach Pierre in den Hinterhalt gelegt, um die fliehenden Siedler zu massakrieren. Das Kommen des neuen Messias soll an allem schuld sein, sowie die Tatsache, daß Sitting Bull vorübergehend eingesperrt worden ist; außerdem seien kürzlich anstelle von Rindfleisch doppelte Portionen Seife an die Indianer verteilt worden, die Verstopfung verursacht hätten. Die Krieger müssen mit der Seife äußerst vorsichtig umgehen, je nachdem ob sie sie innerlich, äußerlich oder ewiglich anwenden, dann besteht keine Gefahr.
Die Badlands stecken voller böser Indianer, die die Aussichten für Spekulanten verschlechtern. Goldminen sind entdeckt, und eine Stadt ist gegründet worden. Mehr Details über unsere »Entdeckung« nach Beendigung der Indianerunruhen.

Ben Arnold

Buffalo Bill als Medizinmann

General Miles schickte Buffalo Bill los, um Sitting Bull zu verhaften, den Dirigenten des Geistertanzorchesters, aber noch bevor Bill das Tipi des berühmten Wilden erreicht hatte, holte ihn ein reitender Bote ein und nahm den Haftbefehl wieder zurück; das Innenministerium, das diesen Krieg nach einem anderen strategischen Plan führt als das Kriegsministerium, wollte Sitting Bull nicht provozieren.
Buffalo Bill ließ sich dadurch jedoch nicht von seinem Schlachtplan abbringen, in den ihm, außer dem Wetterbüro, kein Ministerium hineinreden darf. Er begegnete unterwegs einem von Sitting Bulls Leuten, der sich zu voller Größe aufrichtete und mehrmals laut »How! How!« sagte, um das schöne Wetter zu loben, »Sitting Bull macht das Wetter für uns«, fügte der Geistertänzer hinzu.
Die Augen des berühmten Westmanns sprühten Feuer. »Geh und sag Sitting Bull«, rief er in flammendem Ton, »daß ich euch innerhalb von 24 Stunden einen Blizzard schicken werde! Hast du verstanden?« Und noch in der gleichen Nacht fing es an zu schneien, und der Blizzard klopfte an die Tür von jedem Tipi in Sitting Bulls Lager. Sitting Bulls Ruf als Medizinmann und Wettermacher hat dadurch eine schwere Einbuße erlitten.

Plakat von Buffalo Bills Wildwestschau

Das Indianerbüro beißt sich die Zähne aus an der Frage, ob die Indianer genug zu essen bekommen. Das Büro sollte nach Pine Ridge übersiedeln und einen Monat lang von dem zu leben versuchen, was die Regierung den Indianern an Essen zuteilt, dann würde es feststellen, daß seine Mägen alles andere als überfordert sind.

»Laßt die Hunde des Krieges frei!« Die Staaten Nord- und Süddakota, Nebraska, Wyoming und Montana bekommen für den Kampf gegen die Indianer je tausend Gewehre zugeteilt. Die Regierung sollte eine neue Art von Gewehr entwickeln, das mit Rindfleisch, Mehl und Speck geladen ist anstelle von Kugeln, und alle fünftausend Gewehre auf einmal über Bad Bulls Lager in der Nähe des Wounded Knee-Creek abschießen, dann wäre der Aufstand mit einem Schlag beendet.
Das 6. Kavallerieregiment, bestehend aus 446 Soldaten und 500 Pferden, zog gestern hier durch auf dem Weg nach Fort Meade. Das Regiment kommt aus Fort Wingate und steht unter dem Befehl von General Carr.
Generaladjutant Cole von der staatlichen Miliz war letzte Woche in der Stadt, um sich um die Überreste der Kompanie E zu kümmern und um herauszufinden, was aus dem Staatseigentum, bestehend aus Gewehren u. a., geworden ist. Die Miliz hier in Chadron war das letzte Jahr über in jämmerlichem Zustand, aber ihr neuer Kommandeur wird sie wieder auf Vordermann bringen, sobald er den Auftrag dazu erhält.

Kriegsnachrichten

18. Dezember 1890 - Sitting Bull, der berüchtigte Sioux-Häuptling, ist endlich in die ewigen Jagdgründe eingegangen. Ein Reservatspolizist, der keine Angst hatte, auf ihn zu schießen, hat ihm dabei geholfen.

Am Montag traf hier ein Telegramm aus Pine Ridge ein, demzufolge die Truppen am Dienstag früh in die Badlands ausrücken werden, aber in einer späteren Depesche war von

Sitting Bull und sein Mörder, Red Tomahawk

Verzögerungen die Rede, und die Soldaten sind noch immer im Lager.
Aus Pine Ridge kommt die Nachricht, daß vor ein paar Tagen ein paar »gute« Indianer ausgeschickt wurden, um die »bösen« Indianer zu fangen, und wie immer bei solchen Anlässen hätten die »guten« Indianer die Friedenspfeife zwischen sich und den Feinden auf den Boden gelegt, die das Feuer auf die Pfeife eröffnet hätten, weil sie ihnen anscheinend nicht gefiel, so daß diese Friedenspfeife in keinem Krieg mehr Dienst tun wird.
William Parker kam gestern von der Agentur herüber, um seine Tochter, Mrs. Sellors, zu besuchen. Er berichtete, bei seinem Aufbruch sei alles ruhig gewesen, bis auf die Soldaten, die ziemlich nervös geworden seien, weil sie täglich den Befehl zum Ausrücken in die Badlands erwarteten. Mr. Parker glaubt, die Indianer hätten einen Zusammenstoß mit ein paar Cowboys gehabt, von denen einer mit einem verletzten Bein in der Agentur gesehen worden ist. Tote habe es nicht gegeben.

25. Dezember 1890 - Pine Ridge (Von unserem Sonderkorrespondenten) Gegen mich läuft eine Dienstaufsichtsbe-

schwerde, weil ich nicht regelmäßig genug für den »Democrat« schreibe. Dieser Vorwurf würde mich nicht im geringsten stören, käme er nicht von offizieller Seite. Die Beschwerde kam ursprünglich vom 9. Kavallerieregiment und stieg in der Militärhierarchie weiter aufwärts bis sie zur Kenntnis von Hauptmann Wright gelangte. Da ich die militärische Disziplin schätze, erwarte ich nun ein Militärgerichtsverfahren und feuere vorher noch schnell ein paar Breitseiten gegen die Spalten des »Democrat« ab.
Es wäre äußerst erniedrigend für mich, wenn ich an dieser Stelle zu Protokoll geben müßte, daß jedes Wort, das ich schreibe, voll und ganz der Wahrheit entspricht. Das gilt für alle Korrespondenten, die die Mühen und Gefahren des Krieges auf sich nehmen, und ich bilde da keine Ausnahme. Wir schreiben nichts als die Wahrheit. Es gibt hier sehr wenig zu erörtern außer der Lage, die wieder einmal »sehr kritisch« ist – für die Korrespondenten ist sie sogar »verzweifelt« und, sollte die Langeweile zuschlagen, sind sie verloren. Nichtsdestotrotz trifft jeden Tag ein frischer Korrespondent aus dem Osten ein mit dem Spezialauftrag, nur »knallharte Fakten« zu liefern. Keine andere Kategorie von Fakten ist der Redaktion gut genug: sie müssen hart wie Granit sein.
Um die monotone Langeweile hier in Pine Ridge etwas aufzulockern, haben die Korrespondenten den »Versteinerungsclub« gegründet, der bei der Ankunft eines neuen Reporters seine Arbeit aufnimmt. Der Initiationsritus ist sehr einfach und von keinerlei Geheimniskrämerei umgeben, aber er ist streng geheim und wird durch einen fürchterlichen Eid besiegelt. Da ich wegen vereinsschädigenden Verhaltens aus dem Club ausgeschlossen worden bin, kann ich hier ein paar »knallharte Fakten« liefern. Zuerst wird das ahnungslose Opfer in einen geräumigen Saal im Hotel de Findley geführt. Es nimmt auf einem Stuhl in der Mitte des Raumes Platz. Dann treten die übrigen Clubmitglieder ein, schließen die Tür und verriegeln sie. Prof. Bailey nimmt auf dem Präsidentenstuhl Platz und läßt seinen Hammer mit Getöse niedersausen. Dann erhebt sich Vizepräsident Alf Burkholder und schlägt feierlich das Hauptbuch auf, während die übrigen Clubmitglieder im Chor das Lied »Just Before the Battle, Mother« (Am Vorabend der Schlacht, Mutter) singen, und

der Präsident richtet die folgenden Worte an den Kandidaten: »Mein Freund, du bist soeben als Novize in unseren Orden aufgenommen worden, der unter dem Namen Versteinerungsclub bekannt ist, als Wahrzeichen der Badlands. Wir haben dich aufgenommen, weil du ein Zeitungsreporter bist und aus Chicago, St. Louis oder einem anderen Dorf zu stammen scheinst. Wir nehmen zu deinen Gunsten an, daß du dein Handwerk gelernt hast, aber es spielt keine Rolle, wenn du es nicht beherrschst. Du wirst nunmehr aufgefordert, auf alle Fragen, die der Vizepräsident dir stellt, schnell und exakt zu antworten; danach wirst du die Mitglieder des Clubs zu deinem Gepäck führen und ihnen Rand & McNallys neueste Landkarte der Badlands erläutern, Zigarren spendieren, und deine Initiation wird vollendet sein.«
Anschließend stellt der Vizepräsident dem Opfer die folgenden Fragen so schnell hintereinander, daß keine Antwort möglich ist: »Bist du schon länger als 24 Stunden in dieser Agentur? Wenn ja, hast du irgendwelche knallharten Fakten entdeckt? Hälst du den Schlüssel zum Verständnis der Lage in der Hand? Wirst du dein Wissen innerhalb der nächsten drei Tage vor der ganzen Welt ausbreiten? Hast du Zugang zu irgendwelchen verläßlichen Quellen, die noch kein anderer Reporter kennt? Wagst du es, Nachrichten zu beschaffen von Orten, an die kein anderer Reporter sich wagt oder, falls er es doch wagt, nichts bekommt? Ist dir bekannt, daß du diese Agentur viel besser leiten könntest als der Agent des Reservats? Hast du schon entschieden, ob du selbst oder General Brooke das militärische Kommando übernehmen soll? Bist du in der Lage, ohne Hilfe von Truppen einen fünf Pfund schweren hungrigen Magen mit zwei Unzen Rindfleisch täglich satt zu kriegen und halluzinierenden Geistern schlüssig zu beweisen, daß nur unser Messias sie erlösen kann, aber nicht ihr eigener? Glaubst du, daß die Sioux je wieder ihren Überschuß an Weizenmehl verkaufen und Rindfleisch an ihre Hunde verfüttern werden wie im Jahre 1886, als der Moses von Rapid City sie verließ?
Da du alle Fragen befriedigend beantwortet hast und einen Ort kennst, an dem diese Gesellschaft sich auf deine Kosten mit dem himmlischen Manna erfrischen darf, das auf Aarons Bart fiel, wirst du hiermit zu unserem ordentlichen Mitglied

ernannt.« Anschließend vertagt sich der Club mit dem Lied: »When This Cruel War Is Over« (Wenn dieser grausame Krieg vorbei ist). *C. W. Allen*

Der Messias

Letzten Meldungen aus Pine Ridge zufolge ist der Messias aufgetaucht, wurde aber sofort festgenommen und erst außerhalb der Grenzen des Reservats wieder freigelassen. Aufgrund seiner Beschreibung im »Democrat« können wir die Identität des neuen Christus jetzt enthüllen. Sein Name ist Hopkins und er stammt aus Iowa. Letzten Freitag beehrte er uns mit seinem Besuch, aber während unseres Gesprächs mit ihm bekamen wir den Eindruck, daß er ein ganz gewöhnlicher Nachrichtenhändler ist, unterwegs nach Pine Ridge. Er gab keinerlei Hinweis auf seine Identität als neuer Messias (vielleicht aus Furcht, von den Ungläubigen hier in Chadron gekreuzigt zu werden), sondern erkundigte sich stattdessen nach dem kürzesten Weg zur Front. Wir gaben ihm die erwünschte Auskunft, und er zog los, nur um bei seinem Eintreffen in Pine Ridge von den dort stationierten Soldaten und Zeitungsreportern übel herumgestoßen zu werden.
Armer Hopkins: er wäre besser gefahren, wenn er sich statt als Jesus Christus als Judas Ischariot ausgegeben hätte.
Aber es war »Hopkins eigene Wahl«.

Indianische Darstellung des Geistertanzes

Geistertanzlied (Dakota)

Lechel miyo'qañ-kte lo – Yo'yoyo'!
Lechel miyo'qañ-kte lo – Yo'yoyo'!
Taku maka' a-icha'gha hena mita'wa-ye lo – Yo'yoyo'!
Taku maka' a-icha'gha hena mita'wa-ye lo – Yo'yoyo'!
A'te he'ye lo – Yo'yoyo'!
A'te he'ye lo – Yo'yoyo'!
E'ya Yo'yoyo'!
E'ya Yo'yoyo'!

Das wird meine Arbeit sein - *Yo'yoyo'!*
Das wird meine Arbeit sein - *Yo'yoyo'!*
Alles, was auf der Erde wächst, gehört mir - *Yo'yoyo'!*
Alles, was auf der Erde wächst, gehört mir - *Yo'yoyo'!*
Sagt der Vater - *Yo'yoyo'!*
Sagt der Vater - *Yo'yoyo'!*
E'ya Yo'yoyo'!
E'ya Yo'yoyo'!

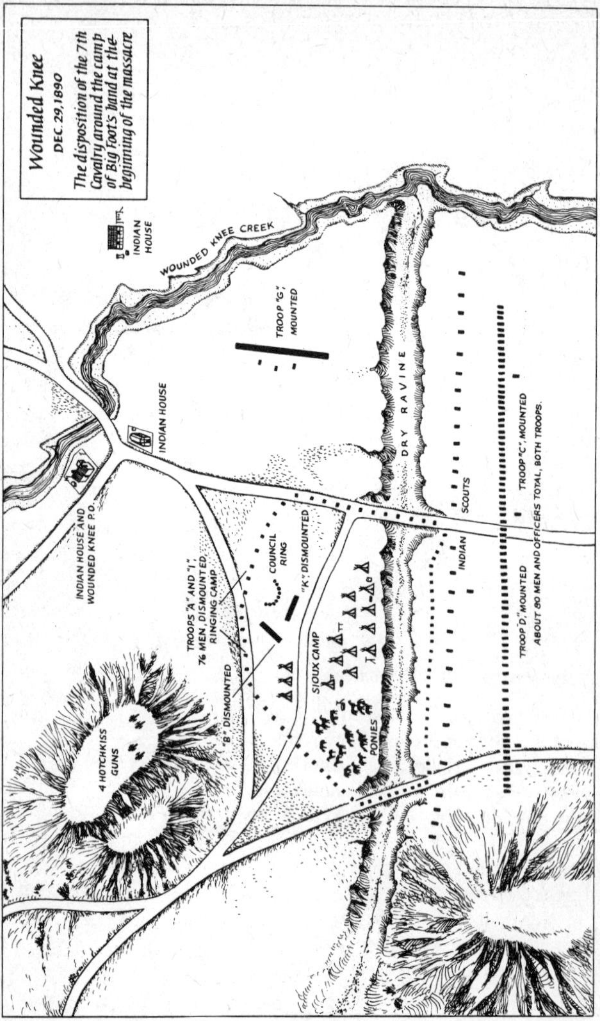

Das Schlachtfeld von Wounded Knee, 1890

2. *Schlachtbeschreibung*

Wounded Knee: Blutige Schlacht zwischen dem Siebten Kavallerieregiment und Big Foots Kriegern – Die Roten nach einstündigem schweren Gefecht in die Flucht getrieben

Pine Ridge, 30. Dezember (Von unserem Sonderkorrespondenten) - Nachdem ich gestern unverletzt aus der Schlacht in Wounded Knee entkommen bin, will ich versuchen, den Lesern des »Democrat« eine kurze Beschreibung der Kämpfe zu geben. Vier Bataillone des 7. Kavallerieregiments, unter dem Befehl von Major Whiteside, waren ausgerückt, um Big Foot und seine Leute abzufangen, die Oberst Sumner entwischt waren. Gegen Abend schlug das Bataillon am Wounded Knee-Fluß, siebzehn Meilen östlich von Pine Ridge, sein Lager auf. Am nächsten Morgen kam Baptise Gannua ins Lager und meldete, daß Big Foots Bande sich am Porcupine Creek, etwa zehn Meilen weiter östlich, aufhielt. Es wurde zum Angriff geblasen, und die drei Züge des Bataillons ritten los und brachten die Indianer ins Lager zurück, ohne auf Widerstand zu stoßen. Am Abend des 28. traf General Forsythe mit dem Rest des Regiments ein. Die Indianer, etwa zweihundert an der Zahl, wurden von einer Postenkette umzingelt und die ganze Nacht hindurch streng bewacht. Am nächsten Morgen früh um acht schwärmten die Truppen aus, und das Indianerlager wurde von Kavallerie umzingelt. Leutnant Taylor lag mit seinen indianischen Spähern an der Südflanke und bewährte sich ausgezeichnet während des folgenden Scharmützels. Bei der Annäherung der Truppen entstand unter den Indianern beträchtliche Aufregung, und die jungen Krieger schritten bewaffnet vor ihren Zelten auf und ab. Eine Batterie Hotchkiss-Kanonen wurde auf dem Hügel oberhalb des Lagers in Stellung gebracht und zum Feuern vorbereitet. Alle männlichen Indianer wurden angewiesen, sich in einer Reihe aufzustellen; sie gehorchten nur widerstrebend und bekamen Befehl, sich niederzusetzen. Sie taten, wie ihnen befohlen, und setzten sich in einem Halbkreis auf den Boden. Major Whiteside begann, sie zu zählen, und stellte fest, daß nur 98 Krieger anwesend waren. Der Major gab Befehl, die Zelte zu durchsuchen, aus denen zehn bis fünfzehn weitere Indianer zum Vorschein kamen. Nachdem sie im Halbkreis Platz genommen hatten, befahl General Forsythe den Indianern, ihre Waffen abzugeben. Sie behaupteten, sie hätten keine Waffen. Der General antwortete ihnen, daß er andere Informationen habe: als sie am Vortag ins Lager gebracht wurden, seien sie bewaffnet gewesen. Sechs oder sieben Indianer erklärten sich daraufhin bereit, die Waffen zu holen. Nachdem sie eine Zeitlang das Lager durchstöbert hatten, kehrten sie mit drei Gewehren, einer Winchester und zwei alten Schrotflinten von 1849 zurück, die sie dem General überreichten, worauf dieser ihnen zu verstehen gab, daß er sich hintergangen fühle: wenn Soldaten kapitulierten, würden sie ihre Waffen niederlegen, und dasselbe müßten sie jetzt auch tun.

Er sicherte ihnen faire Behandlung zu und sagte, daß ein Transport mit Lebensmitteln von der Agentur aus zu ihnen unterwegs sei. Die Indianer sagten »How, how« zu allem, machten aber keinerlei Anstalten, ihre Gewehre abzugeben, worauf General Forsythe eine Abteilung Fußtruppen unter Hauptmann Wallace anwies, sie in einem Abstand von ungefähr zwanzig Fuß zu umzingeln. Sobald die innere Umschließung beendet war, wurden mehrere Kommandos losgeschickt, um die Zelte zu durchsuchen, aus denen eine Menge Gewehre und Munition zum Vorschein kam. Während die Durchsuchung noch andauerte, begann ein indianischer Geistertanzmeister in vollem Ornat seine Beschwörung: er streckte die Arme der Sonne entgegen und forderte den Messias auf, die Soldaten mit seinem Zorn zu strafen; er hob mehrere Handvoll Erde auf, warf sie in die Luft und hielt die Arme hoch als erwarte er jeden Augenblick, daß die Erde sich öffnen werde, um die Soldaten zu verschlingen. Es war offensichtlich, daß er die Indianer aufhetzen wollte, indem er ihnen zurief, sie sollten mutig sein, die Kugeln der Soldaten könnten ihnen nichts anhaben. Der Kommandant wurde informiert über das, was der Indianer sagte, und befahl ihm, sich zu setzen, was er schließlich auch tat, nachdem er mehrmals im Kreis herumgelaufen war, als sei ihm die ganze Erde untertan. Als alle im Camp befindlichen Gewehre sichergestellt waren, begannen die Soldaten, die innerhalb der Umzingelung festgehaltenen Indianer zu durchsuchen, und entdeckten bei den meisten von ihnen in Decken gewickelte Gewehre und Gurte mit Munition. Sie hatten nicht mehr als acht oder zehn Mann entwaffnet, als der Krieger, der vorher die anderen aufgehetzt hatte, hochsprang, etwas sagte und auf den Soldaten feuerte, der bei den beschlagnahmten Gewehren Wache hielt. Der Schuß war noch nicht verhallt, da traten Hunderte von Gewehren in Aktion und die Schlacht war in vollem Gange. Der Kampf tobte ungefähr eine halbe Stunde lang, gefolgt von einem etwa einstündigen Scharmützel. Als der Rauch sich zwischen den Zelten verzogen hatte, lagen 45 Indianer in ihren kugelsicheren Hemden tot am Boden, im Umkreis von etwa 200 Metern. Hauptmann Wallace, Kompanie K, 9. Kavallerieregiment, wurde mit einem Tomahawk erschlagen, Leutnant Garlington am rechten Arm verwundet, Leutnant Hawthorne erlitt einen Schenkeldurchschuß, und 24 gemeine Soldaten wurden getötet sowie 33 verletzt, von denen drei inzwischen gestorben sind. Circa 130 Indianer blieben auf der Strecke, etwa 100 Männer, der Rest Frauen und Kinder. Ein Indianerscout kam ums Leben. Alle verletzten Indianer wurden in die Agentur gebracht und medizinisch versorgt. Die Kämpfe entlang des Flusses dauerten den ganzen Tag über an, und das 7. und 9. Kavallerieregiment ist eben erst zurückgekehrt. Eine Streitmacht von 2000 Indianern soll sich in fünfzehn Meilen Entfernung von hier gesammelt haben. Gestern wurden drei Schüsse auf die Agentur abgegeben, aber niemand verletzt.

C. W. Allen

(Redaktioneller Kommentar)

Endlich sind einmal ausnahmsweise mehr Indianer als Weiße auf der Strecke geblieben, und zweifelsohne wird jetzt entweder General Miles oder General Brooke wegen »sinnlosen Blutvergießens« von seinem Posten abberufen, genau wie seinerzeit General Harney. Niemand wird das traurige

Schicksal der gefallenen Soldaten beklagen, aber das Indianerministerium ist sicherlich schon dabei, einen Kongreßabgeordneten zu bearbeiten, damit er vor dem hohen und weisen (?) Hause eine parlamentarische Untersuchung des schrecklichen und unnötigen (?) Massakers verlangt, dem so harmlose, brave Indianer zum Opfer gefallen sind wie: »Tomahawk, der tötet«, »Mond, der Pferde stiehlt«, »Hundert Skalps«, »Adler, der Menschen schindet«, »Falke, der seine Feinde lebendig verbrennt«, »Büffel, der Babies schlachtet« und ein Haufen anderer, die jetzt de facto und de jure »gute Indianer« sind, und zwar nicht aufgrund religiöser Seelsorge, sondern aufgrund gut gezielter Schüsse und gut geführter Hiebe und Stiche, die ihnen das 7. und 9. Kavallerieregiment verabreicht hat. Wir sind stolz auf diesen wohl verdienten Sieg, obwohl das 7. Regiment schwere Verluste zu verzeichnen hat, und obwohl nur wenige Überlebende aus Custers Zeiten diesen glorreichen Tag erleben durften als Veteranen eines Regiments, das im Jahre 1876 von Sitting Bulls Kriegern in Stücke zerhackt wurde, wobei viele von Big Foots Leuten, die jetzt ins Gras beißen mußten, sicherlich mit von der Partie waren. Wir sagen schon heute voraus, daß diese Lektion eine deutlich sichtbare Wirkung auf den Messiaswahn ausüben und mehr Rote zur Zivilisation bekehren wird – sofern sie noch am Leben sind – als alle Macht Gottes und alle Erziehung, die in den letzten 16 Jahren in diese Indianer hineingepumpt worden ist.

Kriegsnotizen

Am Dienstagabend forderte Sheriff Dahlman telegrafisch von Gouverneur Thayer 200 Milizsoldaten an. Letzterer wies daraufhin Hauptmann Smith vom zweiten Regiment an, seine Kompanie bis auf weiteres zum Schutz von Chadron und Umgebung abzustellen.

Am Dienstagmorgen erhielt der Gouverneur folgendes Telegramm vom Bezirksverordneten Maher: »Viele Siedler in unserem Bezirk sind nicht in der Lage, sich mit Waffen einzudecken, und stehen deshalb schutzlos da: Bitte schicken Sie uns 300 Stück Feuerwaffen, für Rückführung wird gesorgt.«

General Miles brach gestern um vier Uhr nachmittags nach Pine Ridge auf, in Begleitung von H. P. Simmons, der als ortskundiger Führer für den Generalstab verpflichtet wurde. Sieben Stunden später brachen die Kompanien A und H des ersten Infanterieregiments, das nördlich der Eisenbahnlinie kampiert hatte, ihre Zelte ab und rückten zum Beaver Creek aus, obwohl ein scharfer Schneesturm eingesetzt hatte. George Birdsall begleitet das Regiment als Scout. Oberst Gallagher ist Oberkommandierender der Miliz, die heute Nachmittag gebildet wurde.
Um ein Uhr mittags traf General Miles in der Stadt ein, begleitet von circa 190 Soldaten des ersten Infanterieregiments aus Fort Gascon, Kalifornien, unter dem Befehl von Oberstleutnant Casey, auf dem Marsch nach Pine Ridge. Um fünf Uhr fünfzehn rückte das Kommando wieder aus, geführt von einem Bürger unserer Stadt, W. A. Birdsall, der ihm als Chefscout dient. Das Hauptquartier der Armee befindet sich im Hotel Chadron, wo sich General Nelson A. Miles und sein Stab am Dienstag einquartiert haben. Er brach gestern nachmittag um vier nach Pine Ridge auf.

Big Foots Bande tot oder verwundet

Washington, 1. Januar - General Schofield erhielt heute das folgende Telegramm von General Miles aus Herman, Süddakota:
»Nach Angaben von Oberst Forsythe wurden 62 tote Indianer gezählt an der Stelle, wo Big Foots Bande entwaffnet wurde und wo der Kampf begann. In der unmittelbaren Umgebung lagen weitere 18 Tote. Diese Zahl enthält nicht die in den Schluchten getöteten Indianer, wo die toten Krieger zwar gesehen, aber nicht gezählt werden konnten. Zwölf weitere Krieger, unter ihnen sechs Schwerverwundete, wurden dingfest gemacht, zusammen mit einer Gruppe von dreiundzwanzig Männern und Frauen, die jedoch entkommen konnten, als Hauptmann Jackson von 150 Brûlé-Indianern aus der Agentur angegriffen wurde. Alles in allem wurden also 92 Krieger getötet, und nur wenige kamen lebend oder verletzt davon. Frauen und Kinder flohen in die umliegenden Hügel, als die Schlacht begann, und vergleichs-

Abtransport der Leichen (Body Count)

weise wenige von ihnen wurden verwundet und nur einige wenige gefangengenommen. 39 sind hier, von denen 21 verwundet sind. Wegen des Angriffs der Brulés war eine vorschriftsmäßige Zählung der in den Schluchten verbliebenen Toten nicht mehr möglich. In Zukunft droht von Big Foots Bande kaum noch Gefahr. 40 seiner Leute sollen von unseren Scouts am Mexican Creek festgehalten werden. Falls sich diese Meldung bestätigt, wird die in Rosebud stationierte Kavallerie sie so schnell wie möglich dingfest machen.

General Miles fügt hinzu: »Big Foots Bande war ein wild zusammengewürfelter Haufen Desperados. 38 von ihnen stammten aus der Gefolgschaft von Sitting Bull, die am Cheyenne River zu Big Foot gestoßen war, und 30 weitere aus dem Gefolge von Hump, den sie verlassen hatten, als er seine und Sitting Bulls Indianer nach Fort Bennett führen wollte: alles in allem fast 160 Krieger. Bevor sie ihr Lager am Cheyenne River verließen, töteten sie ihr Vieh und zerstörten ihren Besitz, um in die Badlands zu ziehen, nicht mit der

Absicht, später dorthin zurückzukehren, sondern um Krieg zu führen. Da ihnen der Weg in die Badlands durch unsere Truppen abgeschnitten wurde, gelang es ihnen nicht, sich den dort verschanzten Gegnern anzuschließen. Alle ihre Bewegungen waren uns im voraus bekannt, und die Verluste, die ihnen das 7. Kavallerieregiment beibrachte, sind eine heilsame Lektion für alle Sioux-Indianer.«
General Schofield meint, die Schlacht sei ein Zusammentreffen höchst unglücklicher Umstände gewesen, weiß aber nicht, wie sie hätte vermieden werden können. Er sandte ein Telegramm an General Miles, in dem er die Hoffnung äußerte, daß dieser die Situation bald im Griff haben werde. Gleichzeitig sprach er den Offizieren und Mannschaften des 7. Regiments seinen Dank aus für die Tapferkeit, die sie im Kampf bewiesen hätten.
Der Oberstabsarzt bekam von Medizinaldirektor Bache in Pine Ridge den folgenden Bericht über die Verluste unserer Truppen übersandt:
Hauptmann Wallace, 25 Gemeine des siebten Regiments und ein indianischer Scout getötet. Leutnant Garlington, Leutnant Hawthorne und 38 Mann verwundet, viele davon schwer. Sanitäter Steward Pollock getötet. Außerdem circa 30 verletzte Indianer, Männer, Frauen und Kinder.

Dem Gegner auf den Fersen
Die Lage an der Indianerfront

Pine Ridge, 1. Januar (Exklusivbericht für die »Omaha Bee«) - General Brooke und sein Stab, zusammen mit der 8. Kompanie des 2. Infanterieregiments und dem gesamten 9. Kavallerieregiment, brachen heute Morgen um elf ins Kampfgebiet auf, über die Oelrich Road zum Beaver Creek, 18 Meilen westlich der Agentur. Von dort aus werden sie in möglichst breiter Front vorrücken, und so die West- und Nordflanke eines Rechtecks bilden, mit dem der Gegner von allen vier Seiten eingeschlossen werden soll. Carrs Kommando ist in Wounded Knee eingetroffen, in der Nähe der Stelle, wo die Schlacht stattfand, um von hier aus die Südostflanke des strategischen Rechtecks zu decken.
Der Ausdruck in den Gesichtern der Offiziere und Mann-

schaften, während sie sich durch Schnee und bittere Kälte kämpften, zeigte deutlich, daß sie von General Miles Marschbefehl, der wie ein Peitschenhieb auf sie herabsauste, alles andere als begeistert sind. Drei Kompanien des 1. Infanterieregiments sind aus San Francisco angekommen, sechs weitere werden erwartet.

Ein Scout berichtete heute Morgen, daß die Hauptmacht des Gegners sich um zwölf Meilen nach Norden in Richtung Badlands zurückgezogen habe. Ein anderer Scout meldete, die Roten vollführten wilde Kriegstänze in unmittelbarer Nähe der Agentur und forderten die Soldaten mit wüstem Geschrei auf, sie anzugreifen.

General Carr erwägt dem Vernehmen nach, den treulosen, blutrünstigen Wilden ein letztes Gefecht zu liefern, das sie ein für alle Mal in die ewigen Jagdgründe befördern soll. Den roten Teufeln bleibt jetzt nur noch eine Möglichkeit: entweder die Waffen niederzulegen oder mit Waffen in den Händen abgeknallt zu werden.

Die Sonne der Friedensverhandlungen sank über dem blutgetränkten Schlachtfeld von Wounded Knee. Die Zahl der getöteten Indianer beträgt kaum mehr als hundert, aber es werden tausende sein, noch ehe der neue Mond scheint, wenn sie sich nicht in den Staub werfen als Sühne für ihr ungebührliches Betragen.

Die Öffentlichkeit draußen im Lande wird nur schwer das Gefühl finsterer Entschlossenheit nachempfinden können, das die Regierungsvertreter hier angesichts der Lage ergriffen hat. Eine Gruppe von indianischen Scouts entdeckte heute, bei der Besichtigung des Schlachtfelds von Montag, neun im Kampf verwundete Indianer, die noch am Leben waren. Zwei von ihnen waren in eine Blockhütte gebracht worden und wurden dort von einer Squaw versorgt, welche hinter den übrigen sieben zurückgeblieben war, die in Gräben und Erdlöchern, weit weg vom Schlachtfeld, gefunden wurden und den Schneesturm ohne jede Hilfe überlebt hatten. In den sieben steckte kaum noch genug Leben, um die Scouts für ihre Arbeit zu entschädigen, aber sie wurden trotzdem zu den übrigen Verwundeten in die Episkopatskirche gebracht.

Zusätzlich zu den neun Erwachsenen wurden zwei kleine Babies gefunden, keines von beiden älter als drei Monate, und

Angehörige des 7. Kavallerieregiments

zwar lebend, an der Seite ihrer toten Mütter. Sie waren warm eingepackt, aber wie sie das gräßliche Wetter der letzten 48 Stunden überlebt haben, bleibt ein Geheimnis. Die unschuldigen Kleinen wurden natürlich sofort in die Agentur gebracht, wo sich die Frauen der indianischen Scouts ihrer annahmen.
Von den 35 in der Schlacht verwundeten Indianern, fast alles Frauen und Kinder, ist noch kein einziger gestorben, obwohl viele von ihnen von Kugeln durchsiebt sind.
Die Nachhut der indianischen Scouts, die den Verwundeten erste Hilfe leisteten, wurde von einigen umherstreifenden Wilden unter Feuer genommen, die ihnen ihre Samariterdienste übel vergelten wollten.
Für diejenigen Leser, die noch immer der Meinung sind, das Militär hätte nicht genug für die verwundeten Indianer getan, möchte ich hinzufügen, daß die indianischen Scouts gleich nach der Schlacht das Gelände absuchten und alle Verletzten, die sie fanden, in Sicherheit brachten, bevor die Truppen sich zum Schutz der Agentur vor den Aufständischen zurückzogen, wie ich es in meinen Depeschen geschildert habe. Seither waren sie so beschäftigt, ein neues Massaker zu verhindern,

daß sie sich kaum noch um die Verwundeten kümmern konnten.
Der in Wounded Knee gefallene Indianerscout wurde heute Nachmittag von seinen Kameraden mit militärischen Ehren beigesetzt, im Beisein von Leutnant Taylor und Reverend Cook.

Die Lebensmittelversorgung der Sioux-Indianer

Washington, 3. Januar - In Beantwortung einer Anfrage des Innenministeriums legte der Indianerbeauftragte der Regierung diesem die geschätzten Kosten der Lebensmittelversorgung für die Sioux-Indianer für das fiskalische Jahr 1892 vor, entsprechend den im Vertrag vom 28. Februar 1877 vorgeschriebenen Rationen. Der Beauftragte schätzt die anfallenden Kosten für die Versorgung der Sioux auf 900 000 Dollar. Dieser Betrag sollte auf 1 100 000 Dollar erhöht werden, um die Beamten in die Lage zu versetzen, die im Vertrag vorgeschriebenen Mengen, entsprechend der Weisung des Präsidenten, auch wirklich zu liefern.
Der Beauftragte führte weiter aus, daß der Betrag von 35 000 Dollar für die Versorgung der Northern Cheyenne und Arapaho-Indianer auf 50 000 Dollar aufgestockt werden müsse, um ihnen die gleichen Grundnahrungsmittel liefern zu können wie den Sioux. Der Etat für die Indianerpolizei wird von 165 000 auf 310 000 Dollar erhöht, damit 25 Offiziere und 250 zusätzliche Beamte mit verbesserten Bezügen eingestellt werden können. Weitere 150 000 Dollar werden für die Anlage von Bewässerungsgräben in mehreren Indianerreservaten benötigt, sowie 60 000 Dollar für die Errichtung von Schlachthäusern und die Verteilung der Lebensmittelrationen.

General Miles' Reorganisationsplan

Washington, 3. Januar - Den Angaben eines Armeeoffiziers zufolge hat General Miles vor ein paar Tagen dem Kriegsminister dringend empfohlen, alle Indianeragenten in den Reservaten von Pine Ridge, Lower Brulé, Standing Rock, Rosebud und Crow Creek zu entlassen und an ihrer Stelle fünf zuverlässige Armeeoffiziere zu ernennen. Diese Maßnahme sei in keiner Weise gegen die bisherigen Indianeragenten gerichtet, sondern vielmehr eine Reaktion auf die gegenwärtig unter den Indianern Süddakotas herrschende Krise, die die Aufmerksamkeit der Armee erfordere: seiner Ansicht nach sei es klüger, die Posten mit Offizieren zu besetzen, die über genug Autorität und Erfahrung verfügten, um rasche militärische Entscheidungen zu treffen. Es heißt, daß General Miles' Empfehlung die Unterstützung von General Schofield und Kriegsminister Proctor gefunden hat und an Innenminister Noble weitergeleitet worden ist, um dann dem Präsidenten vorgelegt zu werden. Der Innenminister, so heißt es weiter, habe den Vorschlag sorgfältig geprüft, dann aber verworfen und dem Kabinett übermittelt mit dem Hinweis, daß ein solcher Schritt nicht vom Kriegsministerium ausgehen könne, da dieses sich nicht in die Angelegenheiten des Innenministeriums einmischen dürfe. Der Präsident hat angeblich entschieden, daß das Innenministerium mit dem Indianerproblem im Augenblick noch allein fertigwerden könne, und der Vorschlag wurde fallengelassen. Wäre er akzeptiert worden, wären alle Indianer in den Zuständigkeitsbereich des Kriegsministeriums gefallen, ein Schritt, der im Augenblick lebhaft diskutiert wird und im Kongress viele Fürsprecher gefunden hat.

Indianer haben sich verschanzt – alles zum Kampf bereit

Rushville, Nebraska, 3. Januar - Zuverlässigen Berichten zufolge hat sich der Gegner mit etwa zwölfhundert Mann an der Mündung des White Clay Creek verschanzt. General Crooke mit seinen Truppen versucht, ihn vom Norden her in die Zange zu nehmen, General Carr vom Westen her, während General Miles ihn vom Süden her angreift. Unsere Streitkräfte reichen aus, um die ganze Bande zu vernichten, falls sie nicht vom Pech verfolgt sind und unvorhergesehene Schwierigkeiten auftauchen.

Emissäre aus dem feindlichen Lager haben heute wiederum Friedensvorschläge unterbreitet und angeboten, die Waffen niederzulegen. Es ist unsicher, ob die Vorschläge akzeptiert werden sollen oder nicht, aber allgemein neigt man hier zu der Ansicht, daß dem vermeintlichen Sinneswandel nicht zu

trauen ist, da die Rebellen erst vor kurzem unter der Fahne des Waffenstillstands über unsere Soldaten hergefallen sind. Niemand zweifelt mehr daran, daß der Gegner in den letzten Tagen Verstärkung erhalten hat, und es besteht Grund zu der Annahme, daß sich Indianer aus den britischen Besitzungen den Aufständischen angeschlossen haben. Prominente Regierungsmitglieder sagen bereits offen einen allgemeinen Indianerkrieg voraus, der bis zum nächsten Sommer dauern könnte. Einer meiner Informanten meinte heute, er wäre nicht überrascht, wenn zur Niederschlagung des Aufstands Freiwillige einberufen werden müßten.
Soeben traf per Kurier die Meldung ein, daß ein Kriegstrupp von Indianern aus dem Camp am White Clay Creek gestern Nacht die Ranch von Douglas Points überfallen und 400 Stück Vieh fortgetrieben hat. Das Gerücht ist noch nicht offiziell bestätigt, erscheint aber glaubwürdig. Im Lager der Aufständischen soll es über die angeblich geplante Kapitulation zu ernsten Meinungsverschiedenheiten gekommen sein. Zwar ist die Meldung ebenfalls noch nicht bestätigt, aber sie wurde von einem Halbblutindianer überbracht, der soeben als Kurier aus dem feindlichen Lager gekommen ist.

Das Schlimmste ist überstanden

Washington, 3. Januar - Minister Proctor und General Schofield sind überzeugt, daß dem Indianeraufstand im Nordwesten das Rückgrat gebrochen wurde und daß die Sicherheit der Siedler schon in ein paar Tagen wieder garantiert werden kann. Sie geben zu, daß die Dersertion einiger freundlich gesinnter Indianer aus der Agentur und ihr Rückzug in die Badlands zur Sorge Anlaß gibt, aber sie sind zuversichtlich, daß die nächsten Maßnahmen des Militärs den Gegner endgültig zur Vernunft bringen und die Unruhen prompt beenden werden. General Schofield äußerte die Meinung, daß es die Absicht der Indianer gewesen sei, einen Krieg vom Zaun zu brechen. Seiner Ansicht nach seien die Tänze und das Messiasfieber ursprünglich harmlos gewesen; im Lauf der letzten Wochen hätten die Indianer jedoch befürchtet, sie sollten für immer entwaffnet werden; aus Mangel an Nahrungsmitteln und aus Angst vor Hungersnö-

ten hätten sie zu den Waffen gegriffen, um sich den Weg freizuschießen.
Minister Proctor sagte, sein Ministerium werde den von Indianern bedrohten Siedlern die zu ihrem Schutz nötigen Waffen liefern; in Notfällen könnten die Gouverneure von Nebraska und Süddakota jederzeit mit der Unterstützung seiner Truppen rechnen.
Was das politische Klima hier im Kriegsministerium betrifft, so gibt es keinerlei Anzeichen dafür, daß der Präsident, General Schofield oder der Kriegsminister mit dem verständigungs- und kompromißbereiten Kurs von General Miles *nicht* einverstanden sind; seine Depeschen vom Kriegsschauplatz werden ohne Kommentar entgegengenommen und zu den Akten gelegt, und alles deutet darauf hin, daß die Regierung mit seinem Krisenmanagement vollauf zufrieden ist. Es gibt jedoch eine einflußreiche Fraktion, die ein entschlosseneres Vorgehen verlangt, welches ihrer Ansicht nach die Unruhen in Wounded Knee vor ein paar Tagen verhindert hätte. Ihrer Meinung nach hätte ein einziger Angriff mit dem Befehl, den Gegner nicht zu schonen, binnen kurzem eine Entscheidungsschlacht herbeigeführt, deren heilsame Wirkung auf Dauer für den Verlust von ein paar mehr Menschenleben vollauf entschädigt hätte. Hinter diesem Argument steckt die Theorie, daß ein toter Indianer für die Regierung in jedem Fall wertvoller ist als ein in Gefangenschaft geratener oder ein zur Unterwerfung gezwungener. Die Anhänger von General Crook versichern lautstark, daß dieser, wäre er noch am Leben gewesen, die Situation schon vor ein paar Wochen bereinigt hätte. Dem halten die Anhänger von General Miles entgegen – die Differenzen zwischen beiden Fraktionen sind durch den Tod von General Crook keineswegs beigelegt – daß ein Feldzug wie der von Pine Ridge nicht nur strategisch machbar ist, sondern daß er die einzig mögliche Art der Kriegsführung darstellt, wenn man die lokalen Bedingungen in Rechnung stellt. Zur Widerlegung der Theorie vom »toten Indianer« führen sie an, daß die Sioux ohne Schwierigkeiten unterworfen und in ihre Reservate zurückgeschickt werden können, wenn die richtigen Mittel angewandt werden, und daß nur die gegenwärtige Strategie diesen Erfolg garantiert.

Lob für die Indianerpolizei

Washington, 5. Januar - Als Antwort auf seine telegrafische Anfrage in Pine Ridge, ob irgendeiner der indianischen Scouts und Polizisten sich den Aufständischen angeschlossen habe, hat der Regierungsbevollmächtigte von Agent Royer folgende Mitteilung erhalten:

»Keiner von unseren indianischen Scouts ist zum Gegner übergelaufen. Scouts und Polizisten haben gute Arbeit geleistet und durch ihren entschlossenen Einsatz den Feind daran gehindert, die Agentur in Flammen aufgehen zu lassen.«

Ein Reporter lenkte heute die Aufmerksamkeit des Regierungsbevollmächtigten auf Meldungen, denen zufolge General Miles die Entlassung der Indianeragenten in Pine Ridge und anderswo verlangt haben soll, da diese die Indianer langsam verhungern ließen. Der Bevollmächtigte erklärte, was die Agenten beträfe, so gäbe es keinerlei Beweise für die Behauptung, daß sie sich bei der Verteilung der Lebensmittel irgendetwas hätten zuschulden kommen lassen. Gleichzeitig leitete er dem Präsidenten eine offizielle Stellungnahme zu den Vorwürfen zu, daß die mit den Indianern geschlossenen Verträge nicht eingehalten worden seien.

Kompanie K vom 7. Kavallerieregiment

Pine Ridge, 5. Januar - Kompanie K vom 7. Kavallerieregiment hat den Spitznamen »Jonas«, weil sie vom Pech verfolgt zu sein scheint. Bei allen Gefechten mit Indianern, in die das 7. Regiment verwickelt war, trug diese Kompanie die Hauptlast des Kampfes. In der Schlacht am Washita, dem ersten größeren Gefecht des Regiments gegen Indianer, hatte sie höhere Verluste als jede andere Kompanie. Acht Soldaten fielen bei diesem berühmten Angriff. Im Custer-Massaker wurde die Kompanie fast ganz vernichtet, mehr als die Hälfte der Soldaten starb an Custers Seite. Im folgenden Jahr brach der Krieg gegen die Nez Percés unter ihrem Häuptling Chief Joseph aus. General Howard, unterstützt von mehreren Regimentern, jagte Chief Joseph in einem Zickzack-Kurs von Oregon bis Dakota. Da es ihm nicht gelang, den Feind zu stellen, gab er schließlich auf. Daraufhin wurde General

Chief Joseph

Miles mit dem 7. Kavallerieregiment gegen Joseph in Marsch gesetzt.
Am Morgen des 30. September 1877 ritt General Miles mit den Kompanien A und K als Vorhut den übrigen Truppen unter General Sturgis voraus. Als der kleine Trupp den Kamm eines Präriehügels erreichte, entdeckten die Späher

das Camp von Chief Joseph in unmittelbarer Nähe. General Miles befahl den Angriff, wobei die Kavallerie vom 5. Infanterieregiment unterstützt wurde. Während sie in die Schlacht ritten, drehte sich der Kommandeur von Kompanie K, Hauptmann Owen Hale, zu seinen Kameraden um und machte die Bemerkung: »Boys, dies ist ein viel zu schöner Tag zum Sterben, und es ist schwer, so früh am Morgen sein Leben zu lassen, aber ich bin sicher, daß ich heute dran glauben muß.« Eine halbe Stunde später fielen Hauptmann Hale und Leutnant Biddle an der Spitze ihrer Männer. 18 oder 20 Soldaten von Kompanie K blieben bei diesem Treffen.

Später übernahm Hauptmann Mathey das Kommando der Kompanie. Er hatte mehr Glück als seine Vorgänger, da es nach 1887 keine Indianerkriege mehr gab. Im Oktober letzten Jahres wurde er nach Chicago versetzt, und Hauptmann George D. Wallace übernahm das Kommando. Sein Tod in der Schlacht von Wounded Knee, zusammen mit sieben seiner Männer, zeugt von dem Fluch, der auf der Kompanie zu lasten scheint. Was den frühen Tod von Hauptmann Wallace doppelt tragisch erscheinen läßt, ist die Tatsache, daß seine schon seit vielen Jahren invalide Frau schwerkrank in Fort Riley, Kansas, darniederliegt, und daß ihre Freunde in Chicago befürchten, der Schock über den Verlust ihres Mannes könnte ihr Ende bedeuten.

Pater Craft zur Verteidigung der Indianer

New York, 5. Januar - Das New Yorker »Freeman's Journal« veröffentlicht in seiner neuesten Ausgabe einen Brief von Pater Craft, dem katholischen Indianermissionar, der bei der Schlacht von Wounded Knee durch die Lunge geschossen wurde. Der Brief ist vom 20. Dezember datiert und kommt aus Pine Ridge. Pater Craft weist darauf hin, daß die Indianer seit den ersten Verträgen mit den Weißen systematisch getäuscht, betrogen, ausgehungert und sowohl von ihrer eigenen Lebensweise als auch von der der Weißen, die sie sich mit Hilfe der Regierung anzueignen versucht hätten, entfremdet worden seien. Sie seien in jeder nur denkbaren Weise mißbraucht, hintergangen und mehr als entmutigt worden.

Ihre letzte Hoffnung sei General Crook gewesen, dem sie als einzigem Weißen Vertrauen entgegengebracht hätten. Sein Tod habe ihnen selbst den Todesstoß versetzt.
Die Furcht und Verzweiflung der Indianer nach General Crooks Tod sei durch eine weitere Reduzierung der Lebensmittelrationen noch vergrößert worden, die noch dazu verspätet oder überhaupt nicht zur Verteilung gelangt seien. Mr. Lea, der für die Verteilung zuständig gewesen sei, habe grobe Fehler gemacht, weniger Personen gezählt, als wirklich vorhanden gewesen seien, und gefälschte Berichte über das angebliche Wohlleben der Indianer in Umlauf gebracht. Die für eine viel zu niedrig angesetzte Zahl von Indianern vorgesehenen Rationen hätten nicht einmal für die Hälfte von diesen ausgereicht. Die Indianer lebten mehr denn je in Hunger und Elend, ohne Hoffnung auf Besserung und ohne Chance, zu überleben. Deshalb sei es nicht verwunderlich, daß sie einem Messias Glauben geschenkt und seinen Versprechungen begierig gelauscht hätten. Interessierte Kreise hätten von diesem Zustand profitiert und nach der Armee gerufen. Dieselben Weißen seien daraufhin zu den Indianern gegangen und hätten ihnen weisgemacht, die Armee wolle sie vollständig vernichten. Die Indianer hätten jedoch nicht gekämpft, sondern seien voller Angst und Verzweiflung geflohen. Pater Jutze hätte sie noch einmal beruhigt, und General Crook hätte ihnen ihre Sicherheit garantiert. Die wahre Ursache der Indianerunruhen seien seit jeher Hunger, Elend und Verzweiflung gewesen, und deren Ursache wiederum läge im skandalösen Verhalten der Indianerbehörde über Jahre hinweg: der Gipfel sei das unmenschliche Vorgehen des jetzigen Regierungsbeauftragten, Morgan. Der Tod von Sitting Bull – in diesem Punkt seien sich sogar die offiziellen Berichte einig – sei durch den Indianeragenten verschuldet worden, der aus persönlicher Geltungssucht Unruhe unter den Indianern gestiftet und sich in die inneren Angelegenheiten der Armee eingemischt hätte, die aufgrund ihrer Autorität und des ihr entgegengebrachten Vertrauens allein in der Lage gewesen wäre, den Konflikt auf friedlichem Wege beizulegen.

Trübe Aussichten im Indianerland

Pine Ridge, 6. Januar - General Forsythe ist von seinem Kommando entbunden worden, bis die gerichtliche Untersuchung der Schlacht von Wounded Knee abgeschlossen ist. Die Entscheidung ist wie ein Blitz eingeschlagen und hat beträchtliche Aufregung verursacht. Offiziell ist nichts über die Vorgänge zu erfahren, die Öffentlichkeit soll erst später informiert werden. Der General hat überall nur Freunde und genießt allgemein die größte Sympathie. - Die Situation hier wird immer bedrohlicher. Short Bull, der feindliche Rädelsführer, der sich dadurch auszeichnet, daß er bisher alle Friedensangebote höhnisch ausgeschlagen und seinen Unterschlupf in den Badlands nie verlassen hat, soll das Kommando über die Hauptmacht des Gegners übernommen und einem unserer Scouts anvertraut haben, er werde die Agentur dem Erdboden gleichmachen, auch wenn es ihn all seine Krieger kosten sollte.

Die hier ansässigen Halbblutindianer sind von Freunden und Verwandten aus dem feindlichen Camp gewarnt worden, sie sollten ihre Familien rasch in Sicherheit bringen, da ein Überfall und ein großes Massaker unmittelbar bevorstünde. Die Halbblutindianer zeigen uns, wie ernst sie diese Warnung nehmen, indem sie ihre Familien in aller Eile evakuieren.

General Miles wird über alle Geschehnisse laufend informiert und hält die Situation für äußerst kritisch. Alles in allem sind weniger als 600 Soldaten in der Agentur.

Die Abteilung, die nach Wounded Knee beordert wurde, um dort die Toten zu beerdigen, ist erst spät in der Nacht zurückgekehrt. Sie fanden 84 Männer und 63 Frauen und Kinder, die sie an Ort und Stelle begruben. Außerdem entdeckten sie fünf von Indianern angelegte frische Gräber. Außer diesen 152 Leichen sollen noch zahlreiche Tote von feindlichen Scouts etc. fortgeschafft worden sein, so daß die Gesamtzahl der in der Schlacht gefallenen Indianer 200 beträgt, ohne diejenigen, die hier im behelfsmäßigen Hospital noch sterben werden.

Buffalo Bill ist unterwegs nach Pine Ridge, um seine ruhige Hand und sein scharfes Auge in den Dienst der Armee zu stellen.

Ein kinderlieber Killer

Ein drei Monate altes Indianerbaby, das wie durch ein Wunder die Schlacht überlebte und neben der Leiche seiner Mutter gefunden wurde, ist von Mrs. Allison Mailor, einer reichen Lady aus New York, adoptiert worden. Major John Burke, der Manager von Buffalo Bills Wildwestschau, war als Pate zugegen und taufte das Kind auf den Vor- und Nachnamen seiner Wohltäterin: Maggie C. Mailor.
Jack Red Cloud und eine Gruppe freundlich gesonnener

Indianer liefen gestern Nachmittag aus dem feindlichen Lager zu uns über. Sie baten die in der Agentur befindlichen Indianer, denjenigen zu Hilfe zu kommen, die nach der Schlacht in Wounded Knee zum Feind übergelaufen sind und jetzt wieder in die Agentur zurückkehren wollen. Ihre Bitte ist von den zuständigen Stellen mit Zurückhaltung aufgenommen worden. Pater Stephanie, der Jesuitenmissionar, ist gestern Abend an die Ostküste abgereist. Obwohl er sich nur 48 Stunden lang hier aufhielt, soll er sich im gegnerischen Camp aus erster Hand gründlich informiert haben. Bei der Abfahrt sagte er mir: »Ich bin überzeugt, daß noch mehr Blut vergossen wird, und daß der größte Kampf noch bevorsteht.«
Zum Zustand von Pater Craft, der während der Schlacht niedergestochen wurde, meint er: »Wir können überhaupt noch nicht sagen, ob er davonkommen wird. So, wie es im Augenblick aussieht, würde ich nicht viel für sein Leben geben.«

General Forsythe abgesetzt

Pine Ridge, 5. Januar - General Forsythe, der das 7. Regiment befehligte, als der verhängnisvolle Versuch gemacht wurde, die Indianer zu entwaffnen, ist auf Weisung aus Washington für die Dauer der laufenden Untersuchung von seinem Kommando entbunden worden. In der Agentur hieß es, er stehe unter Arrest, aber das stimmt nicht.
Major Whiteside, der im Augenblick den Beerdigungstrupp auf dem Schlachtfeld befehligt, übernimmt vorübergehend seinen Posten. Major Whiteside sagte heute Morgen auf dem Schlachtfeld, das Ganze sei lediglich ein tragischer Unglücksfall gewesen, für den seines Erachtens niemand verantwortlich zu machen sei. Kein Mensch hätte an Schwierigkeiten geglaubt, und die Squaws hätten die Soldaten aus Spaß mit Fellbündeln beworfen, unmittelbar bevor die Schlacht begann.

Oberst Forsythe suspendiert

8. Januar 1891 - Als die Nachricht hier eintraf, daß Oberst Forsythe, der die Truppen in Wounded Knee befehligte, wegen des gegen ihn angestrengten Verfahrens suspendiert worden ist, wollte keiner so recht daran glauben. Jedermann hier weiß, daß das Kriegsministerium, ebenso wie das Innenressort, in Pine Ridge einen Fehler nach dem andern gemacht hat, aber kein Mensch ahnte, daß all diesen Irrtümern durch eine derartige Maßnahme die Krone aufgesetzt werden sollte.

Aus jüngsten Berichten geht hervor, daß der Oberst mit der Begründung suspendiert worden ist, eine große Zahl von Frauen und Kindern seien in Wounded Knee getötet worden, und er habe das Regiment in einer solchen Ordnung aufmarschieren lassen, daß viele unserer Jungs von ihren eigenen Kameraden erschossen wurden. Der erste Anklagepunkt ergibt wenig Sinn: wir bezweifeln, ob ein Armeeoffizier auf zehn Schritt Entfernung eine Squaw von einem bewaffneten Krieger unterscheiden kann, außer in Friedenszeiten, wenn die Indianer eine Kostümparade durchführen. Außerdem befanden sich die Krieger, Squaws und Kinder mitten im Kampfgetümmel, und es grenzt ans Wunderbare, daß überhaupt einer von ihnen lebend davongekommen ist.

Was den zweiten Anklagepunkt betrifft: wir können uns nicht vorstellen, wie eine Menschenansammlung umzingelt werden soll, ohne daß das Militär sich auf allen vier Seiten befindet. Die Indianer waren eingekreist, als sie das Feuer eröffneten, und den Soldaten blieb nichts anderes übrig, als ihr Feuer zu erwidern, wenn sie sich nicht wie Kaninchen abknallen lassen oder Reißaus nehmen wollten. Diese Soldaten gehören zu Custers altem Regiment, und sie laufen nicht davon, außer wenn sie dem Feind auf den Fersen sind.

Unserer Ansicht nach war die Suspendierung von Oberst Forsythe ein schwerer Fehler, und wenn er nicht sofort wieder auf seinen Posten eingesetzt wird, wird dies verhängnisvolle Auswirkungen auf die Moral der Offiziere in Pine Ridge haben. Wenn jeder Offizier damit rechnen muß, für jeden Indianer, den er erschießt, zur Verantwortung gezogen zu werden, wird es bald keine Indianerkriege mehr geben. Es wird zwar länger dauern, die Wilden einzeln abzuknallen und über jeden toten Indianer genau Buch zu führen, aber anscheinend bleibt den Offizieren nichts anderes übrig, wenn sie nicht vor dem Kriegsgericht landen wollen.

Hauptmann Wallace's letztes Gefecht

Leavenworth, Kansas, 6. Januar - Ein Brief aus Pine Ridge enthält einige bis jetzt unbekannte Details über den Tod von Hauptmann Wallace in Wounded Knee. Nach der Schlacht, heißt es in dem Brief, sei Hauptmann Wallace tot am Eingang eines Indianerzeltes gefunden worden, umgeben von fünf Kriegern, deren Leichen je eine Schußwunde aufwiesen. Fünf Kammern im Revolver des Hauptmanns waren leer, und man nimmt an, daß Wallace mit jedem Schuß einen Indianer tötete, bevor er überwältigt wurde.

Ein Verwundetentransport

Fremont, Nebraska, 6. Januar -Zwanzig in der Schlacht von Wounded Knee verletzte Soldaten wurden gestern Nachmittag über die Elkhorn Road hierher transportiert und auf der Union Pacific-Bahn nach Fort Riley weiterbefördert. Drei von ihnen waren Offiziere, der Rest Mannschaften.

Auf der Suche nach Indianern

Eine Gruppe von Bürgern aus Chadron verließ letzten Sonntag auf dem Pferderücken die Stadt, um dem Hauptquartier von General Brooke am White River einen Besuch abzustatten. Sie waren zu acht und hatten sich bis an die Zähne bewaffnet, um jeden Indianer abzuschlachten, dessen Skalplocke sie im Umkreis von zehn Meilen zu Gesicht bekämen. Die Stimmung war ausgezeichnet, und kurz vor Erreichen des Lagers stiegen sie ab, um das Gelände zu rekognoszieren. Sie waren nicht mehr weit von General Brookes Hauptquartier entfernt; Hauptmann White war mit seiner Kavallerie in ein nahgelegenes Tal ausgerückt. Als die Jungs aus Chadron die Reiter erblickten, warfen sie vor Aufregung ihre Feldgläser weg und wollten auf schnellstem Weg zurück in die Stadt. Inzwischen hatte auch Hauptmann Wrights Adlerauge etwas bemerkt, und er befahl seiner Kompanie , den Eindringlingen auf jede nur mögliche Weise klarzumachen, daß seine Soldaten zwar Uniformen, aber keine Kriegsbemalung trügen. Diese Demonstration militärischer Stärke überforderte die Jungs aus Chadron, und, im

Glauben, daß sie einer Invasion von 3 000 000 Indianern gegenüberständen, welche die Front der Soldaten durchbrochen hätten, sprangen sie in den Sattel und gaben die Sporen, bis sie mindestens fünf Meilen zwischen sich und den Gegner gelegt hatten. Hauptmann Wright schloß daraus, daß er eine Bande von Indianern aufgestöbert hatte, und machte sich an ihre Verfolgung, aber nach ungefähr zwei Meilen stellte er fest, daß es sich um Weiße handelte, und gab die Jagd auf. Die Jungs aus Chadron kamen wohlbehalten zu Hause an, aber in Zukunft wollen sie das Kriegführen den Militärs überlassen.

C. H. Cressey von der »Omaha Bee«, W. F. Kelley vom »State Journal« und C. W. Allen vom »Democrat« und »New York Herald« waren die einzigen Reporter, die dem jüngsten Gefecht in Wounded Knee als Augenzeugen beiwohnten. Cressey und Allen erwiesen sich als emsige Schreiber, und die »Omaha Bee« und der »New York Herald« waren die ersten Zeitungen, die eine ausführliche Schilderung des Gefechts und eine vollständige Liste der Getöteten und Verwundeten am Morgen nach der Schlacht veröffentlichten.

Die Stationierung der staatlichen Miliz in den Städten entlang der Eisenbahnlinie ist eine törichte Maßnahme von seiten der Verantwortlichen. Die Stadtbewohner brauchen überhaupt keine Angst zu haben, daß die Indianer so weit nach Süden vordringen, und bei der Entscheidung des Gouverneurs, die Nationalgarde einzuberufen, ging es ja gerade um die Sicherheit der Siedler an der Nordgrenze. Daß es den Siedlern nichts bringt, die Milizsoldaten genausoweit im Süden entfernt zu wissen wie die Indianer im Norden, ist auf den ersten Blick ersichtlich. Das Beste wäre, die Miliz an der Grenze zu stationieren, so daß die Indianer, falls sie nach Nebraska einzudringen versuchen, auf eine unüberwindliche Barriere stoßen.

Der »World Herald« hat die Aufgabe übernommen, gleichzeitig die Indianer zu befrieden und das Militär zu lähmen. Jedes für sich genommen wäre schon eine Aufgabe, mit der 15 oder 20 Zeitungen überfordert wären, aber wenn eine Zeitung ganz allein diese Sisyphusarbeit übernimmt, dann ist irgendwo was faul: bei den Indianern, im Lager der Soldaten, oder in der Chefetage des Obermoguls der Zeitung. Am Ende wird das ganze Gezeter dem »World Herald« nicht mehr einbringen als Big Foot der Versuch einbrachte, mit 120 Kriegern 500 Kavalleristen vernichtend zu schlagen.

Der Lügenchampion

Dem Korrespondenten der »Omaha Bee« in Pine Ridge ist wieder einmal die Galle übergelaufen. In der Dienstagsausgabe seiner Zeitung hat er die Frechheit zu behaupten, daß all die wilden Gerüchte, die am Kriegsschauplatz herumschwirren, und all die unzutreffenden Berichte, die an die Presse geschickt wurden, auf das Konto einer Handvoll Reporter gehen, die in den Telegrafenbüros herumhängen und ab und zu ein Wort aufschnappen von den Depeschen, die über die Drähte laufen, wobei sie in neun von zehn Fällen alles aufs gründlichste mißverstehen. Wenn wir uns richtig erinnern, war der Korrespondent der »Bee« der erste, der einen Bericht herausschickte, welcher jeden Anscheins von Wahrheit entbehrte, und lange bevor überhaupt von einer Schlacht die Rede war, hatte er bereits Hunderte von Soldaten und noch mehr Indianer mit Blei vollgepumpt und die Prärie mit Sturzbächen von Blut überschwemmt. War es nicht Cressey gewesen, der seinerzeit Old John Nelson interviewt hat? Ich glaube ja; und John tischte ihm wüste Stories vom Leben im Wilden Westen auf, denn als stolzer Inhaber des Weltrekords im Lügen mußte er schließlich seinen Titel verteidigen. Cressey schrieb alles auf, aber als sein Artikel bei der »Omaha Bee« eintraf, hatte er sich noch um hundert Grad weiter von der Wahrheit entfernt als der mündliche Bericht des alten John. Damit hat John seinen Titel verloren, und nur die Leser der »Bee« wissen, wer ihn gewonnen hat.
G. E. Trager ist am Montag aus dem Reservat zurückgekehrt mit einer wertvollen Ausbeute von Fotos, darunter auch ein Bild von Big Foot und eins von dem Geistertanzmeister, der sich in der Schlacht so rühmlich hervorgetan hat.

Der Gegner ist kampfbereit

Die Herren Trager und Ford kamen heute früh um halb drei aus dem Reservat zurück mit der Nachricht, die Lage in der

Agentur sei unverändert, während in der Umgebung der Badlands die Kämpfe noch andauerten. Leutnant Casey vom 1. Infanterieregiment wurde gestern auf einem Spähtruppunternehmen von Indianern getötet. Einige Rothäute meldeten sich in der Agentur, aber ihre Freundschaftsbeteuerungen stießen auf wenig Gegenliebe. Die in den Badlands verschanzten Indianer sind darüber informiert worden, daß sie bis zum 10. in ihre Reservate zurückkehren müssen, aber sie weigern sich, der Aufforderung Folge zu leisten. Alles deutet darauf hin, daß in wenigen Tagen ein neuer Krieg ausbricht.

Keine Gefahr

Superintendent Seeley erhielt das folgende Telegramm von General Miles: Pine Ridge, 5. Januar - Es sind so viele falsche Gerüchte in Umlauf, welche die Siedler unnötig ängstigen, daß ich Ihnen zu Dank verpflichtet wäre, wenn Sie Ihre Agenten überall im Lande anweisen könnten, den Siedlern Folgendes mitzuteilen – sollte sich die Lage überraschend ändern, werden Sie sofort informiert. Erstens: die Indianer haben *nicht* ihre Reservate verlassen; zweitens: es liegen ausreichende Truppen zwischen ihnen und den bewohnten Ansiedlungen, und es werden täglich Patrouillen durchgeführt. Ich verbürge mich persönlich für die Sicherheit der Siedler. Fünf der Anführer kamen heute ins Fort, und es ist möglich, daß sich alle ergeben.

Nelson A. Miles,
Oberkommandierender

Die Leute hier in Trunk Butte bauen ein Fort auf dem Gelände der Farm von William Ustler. Niemand weiß warum, aber man schlägt vor, daß General Colby die Nationalgarde für die nächsten drei Monate von Chadron nach hier verlegt.

Ein Mann aus Chadron war am Dienstag zufällig in der Agentur, als ein Scout die Leiche eines weißen Soldaten hier ablieferte. Die Indianer hatten den Toten skalpiert, ihm die Nase abgeschnitten, ihn mehrfach in die Brust gestochen und seine Hände an den Gelenken abgeschnitten, so daß sie nur noch an Hautfetzen hingen.

Dr. Martin, Superintendent der Sozialfürsorge, war letzte Woche in der Stadt, auf der Rückreise von Crawford und Fort Robinson, wo er Maßnahmen zur Unterstützung der indianischen Flüchtlinge aus dem Hat Creek Valley einleitete. Er erzählte, die Not sei noch sehr viel größer, als er angenommen habe.

Kompanie E der Nationalgarde aus Fremont ist am Sonntagmorgen in die Stadt eingerückt, um uns die Indianer vom Hals zu halten – jedenfalls nehmen wir das an, denn auf dem Marschbefehl steht eindeutig Chadron, obwohl es natürlich möglich ist, daß Großmutter Thayer, unser Gouverneur, Chadron viel weiter oben im Norden vermutet, wo sich die Indianer verschanzt haben. Wie dem auch sei, die Jungs sind hier, und mit ihren blauen Uniformen und nagelneuen Gewehren sind sie eine echte Attraktion für die Bevölkerung. Kompanie E, unter dem Kommando von Hauptmann Percy, ist eine Eliteeinheit, und wenn die Jungs im Freien exerzieren, beweisen sie ihr exzellentes Können. Selbst reguläre Armeesoldaten können etwas dazulernen, wenn sie die Zinnsoldaten aus Nebraska beim Exerzieren beobachten.

Am Montag kam Joseph Ford mit einer großen Ladung Souvenirs vom Schlachtfeld am Wounded Knee aus der Agentur zurück. Es handelt sich vor allem um Kleidungsstücke, die die Indianer während des Gefechts getragen haben. Zuerst nahm man an, daß Hauptmann Wallace, wenn er nicht von einem Tomahawk erwischt worden wäre, die Schlacht ohne eine Kratzer überstanden hätte, aber nach neuesten Informationen hat der Tomahawk seinen Tod nur beschleunigt. Als der Leichnam zur Beerdigung präpariert wurde, fand man mehrere Schußwunden, von denen jede für sich allein den Tod herbeigeführt hätte.

Die Kämpfe zwischen der Armee und feindlichen Indianern dauerten die ganze Woche über an, und eine ansehnliche Zahl von Rothäuten ist in die ewigen Jagdgründe befördert worden. Das gleiche Schicksal erwartet jeden Indianer, dessen Skalp ins Schußfeld von Uncle Sams Gewehren gerät.

Billy Lockler, dessen Ranch circa 18 Meilen von Chadron entfernt am Beaver Creek liegt, soll um hundert Stück Rindvieh erleichtert worden sein. Billy trieb am Montagmorgen seine Herde zusammen, und falls sich die gemeldeten

Verluste bestätigen, wird er Uncle Sam höflichst bitten, ihn dafür zu entschädigen.
Miss Sickles, ehemalige Schulrektorin in Pine Ridge, ist vor ein paar Tagen hier in der Stadt eingetroffen. Sie war unterwegs zur Agentur, im Auftrag eines Ostküstenblattes, wie es hieß, aber sie schien dermaßen verängstigt zu sein, daß sie ihre Kriegsberichte lieber von Chadron aus schreibt, wie es die meisten Korrespondenten tun.
C. W. Allen kam am Sonntagabend aus der Agentur zurück und verbrachte den Montag hier in der Stadt. Er hatte eine Menge Sachen bei sich, die er einem toten Indianerkrieger abgenommen hatte, dessen Lebenslicht am 29. Dezember in Wounded Knee ausgeblasen worden ist. Die Gegenstände wurden auf der Hauptstraße, im Schaufenster der Bank von Chadron, ausgestellt und waren eine echte Attraktion für die Schaulustigen, die am Montag in die Stadt kamen.

Denver, 5. Januar - Sondermeldung aus Pine Ridge: Die Hauptmacht der Indianer ist von General Miles' Truppen am White Clay Creek umzingelt worden; es handelt sich um 4000 Männer, Frauen und Kinder aus den nördlichen Reservaten. Die Menge ist vom Geistertanzfieber gepackt worden, und sie wollen kämpfen und sterben wie Big Foot und seine Krieger. In der Nacht feuerten die Wachposten fast stündlich Schüsse ab, und keiner konnte ein Auge zutun. Um Mitternacht wurden von einem nahgelegenen Abhang fünf Pfeile in die Agentur geschossen, richteten aber keinerlei Schaden an. Die Halbblutindianer und Squaw-Männer flohen nach Süden in Richtung Eisenbahn; sie wissen, was auf sie zukommt, und haben keine Lust, hierzubleiben. Der Kampf wird weitergehen, und nur die blutigste Schlacht in der Geschichte der Indianerkriege kann ihn beenden.
Miss Sickles, die frühere Leiterin der Indianerschule in Pine Ridge, ist als Sonderkorrespondentin für den »New York Herald« wieder auf ihrem früheren Posten. Aufgrund ihrer schulischen Erfahrung und aufgrund des Vertrauens, das die Indianer ihr entgegenbringen, ist sie für diese Tätigkeit besonders qualifiziert. Allein die Tatsache, daß eine Frau mit dieser normalerweise Männern vorbehaltenen Arbeit beauftragt wurde, und zwar von einer der größten Zeitungen der

Die toten Sioux-Indianer werden in einem Massengrab beerdigt

Welt, besagt mehr als jedes Wort der Anerkennung. Zweifelsohne wird die neue Korrespondentin auf Entstellungen und Verzerrungen der Wahrheit verzichten und sowohl den Indianern als auch der Armee gerecht zu werden versuchen.

Salt Lake City, Utah, 1. Januar - Acht Kompanien Soldaten wurden heute morgen nach Rushville, Nebraska verlegt, zusammen mit vier Haubitzen. Im Augenblick herrscht große Aufregung über einen unbestätigten Bericht, wonach fünf Soldaten des 9. Kavallerieregiments von Indianern massakriert worden sein sollen.

Gordon, Nebraska, 5. Januar - Die Meldung von einer Schlacht nördlich von hier wurde soeben von zwei frisch eingetroffenen Scouts bestätigt. Das Gefecht fand zwischen Indianern und einer von General Miles ausgesandten Abteilung statt, welche die in der Schlacht von Wounded Knee getöteten Indianer beerdigen sollte, sowie Truppenteilen aus Rosebud.
Die treulosen Sioux, die es nicht zulassen wollten, daß ihre Feinde, die Bleichgesichter, ihre Toten beerdigten, eröffneten das Feuer, und traten erst nach einem heftigen Schußwechsel, unter Einsatz von Maschinengewehren, den Rückzug in ihre Schlupfwinkel in den umliegenden Cañons an.
Eine Anzahl von Zeitungskorrespondenten aus Washington und New York bereitet sich auf einen Besuch der Kampfszene im Indianerland vor, und es wäre nicht überraschend, wenn General Brookes Hauptquartier demnächst von einer Armee aus Zeitungsschreibern von der Ostküste besetzt würde.

Frieden vereinbart

15. Januar 1891 - General Miles hat offiziell erklärt, daß keine Gefahr mehr von den Indianern ausgeht, und auf seine Empfehlung hin sind die Milizangehörigen nach Hause geschickt worden. Letzten Meldungen aus Pine Ridge zufolge haben die Indianer zwar noch nicht die Waffen niedergelegt, werden dies aber in Bälde tun. General Miles ist zuversichtlich, daß die Übergabe der Waffen reibungslos vor sich gehen wird.

Washington, 10. Januar - Innenminister Noble hat Indianeragent Royer in Pine Ridge telegrafisch seines Amtes enthoben. Der Minister hat ihn angewiesen, seinen Posten Hauptmann Pierce vom 1. Infanterieregiment zu übergeben, der vorübergehend als Indianeragent amtieren wird. Dieser Schritt war schon vor einiger Zeit beschlossen worden, als die Leitung der Indianerbehörde erfuhr, daß Royer der kritischen Situation nicht mehr gewachsen war.
Während er unter normalen Bedingungen seinen Amtspflichten vollauf genügte, verlor er nach dem Ausbruch der

gegenwärtigen Unruhen die Nerven und versagte auf der ganzen Linie. Im übrigen äußerte Innenminister Noble, er befände sich nach wie vor in voller Übereinstimmung mit Kriegsminister Proctor und dessen Politik gegenüber den aufständischen Stämmen im Nordwesten.

Neues von den Indianern

Pine Ridge, 11. Januar - Über den Ausgang der Unruhen sind seit drei Tagen eine Menge Spekulationen in Umlauf. Die Indianer kehren in die Agentur zurück, und trotz dieser langersehnten Wende weiß niemand, welche Motive die Herren Short Bull und Kicking Bear zu diesem plötzlichen Sinneswandel bewogen haben. Der Anblick von 2000 als wild und unberechenbar bekannten Indianern, die schwer bewaffnet und unkontrolliert zwischen den Soldaten der Agentur herumlaufen, scheint nicht gerade dazu angetan, das Vertrauen in die Sicherheit von Pine Ridge zu stärken. Aber das schwierige Problem, die Indianer auf verschiedene Standorte in der Nähe der Agentur zu verteilen, wurde heute teilweise gelöst durch die Ankunft von mehreren kleinen Gruppen umherstreifender Indianer. General Miles hat Wachen auf allen zur Agentur führenden Straßen aufgestellt, um die Indianer anzuhalten und ihnen klarzumachen, daß sie die Agentur nicht mit Waffen betreten dürfen. Was dann passiert, kann man schlecht Entwaffnung nennen, denn die Indianer haben die Wahl, entweder ihre Waffen abzugeben oder umzukehren. Nur wenige von ihnen wurden von den Wachen bewaffnet angetroffen; inzwischen haben sie den Trick durchschaut und lassen ihre Waffen versteckt zurück. Man ist übereingekommen, die feindseligen Indianer in einem Sonderlager etwa eine Meile nördlich der Agentur zusammenzufassen, und von den übrigen getrennt zu halten. Ob der Versuch sie zu entwaffnen, gleich nach der Ankunft oder überhaupt nie gemacht wird, weiß niemand. Die Indianer rücken nur langsam vor, und sie stehlen Vieh bevor sie ihr Nachtlager aufschlagen. Als gestern Abend die Rindfleischrationen verteilt wurden, forderten ein oder zwei fanatische Redner die übrigen Indianer dazu auf, auf keinen Fall ihre Waffen herauszurücken. Mit dieser Aufforderung waren die meisten einverstanden, und es wird eine Menge Ärger geben, falls jemand versuchen sollte, ihnen die Gewehre wegzunehmen, was nur mit List und Tücke möglich ist.

12. Januar - Frank Gourard, begleitet von mehreren Scouts, wurde heute früh von General Miles losgeschickt, um den Indianern zu sagen, daß sie nördlich der Agentur ihr Lager aufschlagen, und daß die zwei Gruppen getrennt kampieren sollten. Außerdem erhielt er den Befehl, die Modalitäten der Übergabe mit ihnen zu besprechen, welche nicht bekanntgegeben wurden. Oberst Corlin äußerte gestern Abend, seiner Meinung nach werde der General den Brûlés erlauben, nach Rosebud zurückzukehren, wenn sie dies wünschten. Für die nächsten Tage sind wichtige Ereignisse zu erwarten, deren Ergebnis noch niemand voraussagen kann.

C. W. Allen

Konferenz zur Indianerfrage

Washington, 9. Januar - Die Minister Proctor und Noble und General Schofield trafen sich im Kriegsministerium zu einer Konferenz über die Indianerunruhen und einigten sich darauf, dem Präsidenten zu empfehlen, einen Armeeoffizier zum Indianeragenten in Pine Ridge zu ernennen. Die Indianeragenten in den übrigen Reservaten sollen nicht abberufen werden, aber, wie das Telegramm vom 6. dieses Monats an General Miles zeigt, sind weitere Armeeoffiziere angewiesen worden, die militärische Kontrolle von vier Reservaten zu übernehmen und mit den dortigen Indianeragenten zusammenzuarbeiten. Meldungen, wonach die Agenten strafversetzt werden sollen, entbehren jeder Grundlage, mit Ausnahme von Pine Ridge, wo Hauptmann Pierce zum Nachfolger von Agent Royer ernannt wurde.
Minister Proctor ist über Zeitungsmeldungen verärgert, in denen von einer Kontroverse zwischen dem Kriegs- und dem Innenministerium im Hinblick auf die Beilegung der Indianerkrise die Rede ist. Er sagte heute Nachmittag, beide Ministerien befänden sich in harmonischer Übereinstimmung in dieser Angelegenheit, und dementierte nachdrück-

lich alle Gerüchte von einem angeblichen Konflikt zwischen beiden Ressorts.
Der Indianerbeauftragte der Regierung erhielt vom Agenten in Pine Ridge einen ausführlichen Bericht über das Gefecht am Wounded Knee, demzufolge die Schlacht durch den Medizinmann von Big Foots Bande ausgelöst worden ist. Als die Soldaten die Tipis nach versteckten Waffen durchsuchten, rief er plötzlich laut: »Tötet die Soldaten! Ihre Kugeln können euch nichts anhaben!« und warf eine Handvoll Erde in die Luft. Nach einer kurzen Tanzvorstellung schoß er auf die Soldaten, und dieser Schuß löste die Schlacht aus.

Wie Sitting Bull starb

Washington, 8. Januar - Heute wurde vor dem Senatsausschuß für Militärangelegenheiten das Problem der Indianerunruhen behandelt, in Verbindung mit einer von Senator McAdoo aus New Jersey kurz vor Weihnachten eingebrachten Resolution, in der er vom Kriegs- und Innenminister Aufklärung über den Tod von Sitting Bull gefordert hatte.
Die Kriegsführung von General Miles gegen die Indianer kam kurz zur Sprache. Auch General Miles' Kandidatur für die Präsidentschaftswahlen wurde erwähnt. Die Debatte war rein informeller Natur und diente den Ausschußmitgliedern vorwiegend zur privaten Meinungsbildung, anhand von Zeitungsberichten und Gesprächen.
Die von McAdoo eingebrachte Resolution wurde einstimmig angenommen. Ihr voller Text lautet: »Da in der Presse und in Teilen der Öffentlichkeit die nationale Ehre verletzende Vorwürfe laut geworden sind, denen zufolge Offiziere der indianischen Reservatspolizei, in Ausübung des ihnen von zivilen und militärischen Behörden der Vereinigten Staaten verliehenen Amtes, bei der Verhaftung des jüngst verstorbenen Sitting Bull, eines der Häuptlinge der Sioux-Indianer, besagten Sitting Bull ungerechtfertigterweise getötet und nachträglich seine sterblichen Überreste verstümmelt haben sollen: fordern wir hiermit, daß der Kriegsminister und der Minister des Innern alle in ihrem Besitz befindlichen offiziellen Stellungnahmen sowie die Korrespondenz ihrer Beamten dem Parlament zur Einsicht überlassen, insbesondere die

Berichte derjenigen Offiziere und Beamten, welche direkt mit dem Haftbefehl gegen Sitting Bull oder seiner Durchführung befaßt waren, zusammen mit allen übrigen Fakten und Dokumenten, die im Bezug auf obige Angelegenheit zu ihrer Kenntnis gelangt sind.«

General Miles' Plan findet Zustimmung

Washington, 8. Januar - Der Präsident hat General Miles' Vorschlag zugestimmt, die Indianerreservate von Standing Rock, Rosebud, Pine Ridge und Tongue River vorübergehend unter militärische Kontrolle zu stellen. Gestern Abend schickte General Schofield ein Telegramm an General Miles, das ihm alle diesbezüglichen Vollmachten einräumt. General Schofield erklärte heute Morgen, daß die von General Miles eingesetzte Untersuchungskommission über das Vorgehen von Oberst Forsythe in Wounded Knee aufgelöst worden sei, konnte aber die Meldung, daß General Miles Oberst Forsythe wieder auf sein Kommando berufen habe, nicht offiziell bestätigen. Die Angelegenheit wird von General Miles diskret behandelt.

Die Sensationsmeldung über eine angebliche heftige Kontroverse bei der gestrigen Kabinettssitzung wurde heute wieder dementiert.

Auf einer Bürgerversammlung in Chadron am Mittwoch Nachmittag zur Situation in Pine Ridge wurde Richter E. S. Rinker zum ersten Vorsitzenden und A. E. Sheldon zum Schriftführer gewählt. Im Hinblick auf Zeitungsberichte, denen zufolge die Regierung *nicht* die Absicht hat, die Indianer in Pine Ridge zu entwaffnen, wurde folgende Resolution gefaßt: »Aus Angst und Sorge, daß die Regierung es den in Pine Ridge versammelten Indianern gestatten könnte sich zu zerstreuen, ohne vorher entwaffnet worden zu sein, protestieren wir, die Bürger von Dawes County in Nebraska, an der Grenze zum Sioux-Reservat, nachdrücklich gegen diese Absicht und erneuern mit allem gebotenen Respekt unsere Forderung an die Regierung, den günstigen Zeitpunkt zu nutzen, um die Indianer vollständig zu entwaffnen und dadurch Leben und Besitz der Bürger zu garantieren. Abschriften dieser Resolution gehen an General Miles, den Kriegsminister, die Senatoren Manderson und Paddock sowie an den Kongreßabgeordneten Dorsey.«

Was für Narren wir Sterblichen doch sind!

(Hemingford Guide) Viele unserer ohnehin schon arg verschreckten Bürger, insbesondere der weibliche Teil, gerieten am Montagmorgen in Panik durch die Berichte einiger närrischer Eisenbahner, die ihnen erzählten, daß am Sonntagnachmittag in der Nähe des Hat Creek in Wyoming eine blutige Schlacht zwischen Soldaten und Indianern ausgefochten worden sei. Die vielen Falschmeldungen, die in letzter Zeit von übereifrigen Zeitungsreportern in die Welt gesetzt wurden, haben die Leichtgläubigen nicht etwa abgeschreckt, sondern ihre Nerven dermaßen aufgeputscht, daß sie allem Glauben schenken, was über die Indianer verbreitet wird, als wäre es Gottes Wort. Am Montag herrschte große Aufregung, die sich erst wieder legte, als der Autor dieser Zeilen ein Telegramm vom Herausgeber des Hat Creek Frontier erhielt mit der Nachricht: »Eine Schlacht hat nicht stattgefunden.« Vielleicht haben die Eisenbahner dabei ihren Spaß gehabt, aber für den armen Grenzer, der sein letztes Pferd verpfändet, um seine Familie in Sicherheit zu bringen, sind solche Falschmeldungen alles andere als ein Jux.

Milizmanöver

Bisher ist erst eine Klage gegen die Miliz lautgeworden, und die kam aus Adaton. Sie lautete: »Milizeinheiten, die hier in der Nähe kampieren, haben vor ein paar Tagen das Haus eines Siedlers überfallen.«
Die Farmer nördlich der Eisenbahn haben Wachen für ihre Hühnerställe aufgestellt, seitdem die Cowboys dort eingerückt sind. Eine überflüssige Vorsichtsmaßregel: die Boys aus Chadron mögen kein Huhn – die Farmer sollten lieber ein wachsames Auge auf das 1. Infanterieregiment haben.
Freunde und Verwandte haben den Jungs, die das Fort in der Nähe von Gordon halten, mehrere Winchester und hundert

Schuß Munition gespendet, damit unsere Boys die Stellung halten, »bis der letzte Indianer ins Gras beißt«.
Oberst Cody meldete am Montag, in der Nähe von Pine Ridge sei eine Schlacht im Gange, aber da niemand in Pine Ridge etwas davon gemerkt hat, wird vermutet, daß Cody hörte, wie die Militärkapelle »Annie Rooney« gespielt hat, und annahm, eine Schlacht sei ausgebrochen. Cody hat damit Uncle Sams Musikanten beleidigt und muß sofort vor ein Kriegsgericht gestellt werden.
Der magische Geistertanz von Dienstagabend, in dem unsere Boys Zerstreuung von ihrem harten Dienst und Spaß für alle fanden, bewirkte genau das Gegenteil bei einem Farmer aus der Vorstadt, der, in der Annahme, der Geist von Big Foot und seinen Kriegern sei wiederauferstanden, um die Stadt zu zerstören und auf ihren rauchenden Trümmern zu tanzen, seine Familie unter einem Heuhafen in Sicherheit brachte und das Heil in der Flucht suchte, wobei er die Wilden mit wüsten Schimpfworten bedachte.
Die Boys aus Fremont waren ziemlich überrascht, als sie bei der Ankunft in der Stadt Körbe und Kisten von fast tausend Pfund Gewicht vorfanden, die hier auf sie warteten. Mit zitternden Händen öffneten sie die Pakete und entdeckten im Innern wohlschmeckende Kuchen, Puddings und gebratene Hühnchen, all die guten Dinge, die liebende Mütter ihren Söhnen an die Front schicken. Wer möchte nicht Milizsoldat sein und von den Angehörigen daheim mit so feinen Sachen verwöhnt werden?
Die Angestellten in Tragers Kunststudio sind im Augenblick damit beschäftigt, Fotos der kriegerischen Szenen in Pine Ridge zu entwickeln, die, wenn sie fertiggestellt sind, im Drugstore von Smith & Co. zum Verkauf ausliegen werden. Einige der Fotos sind wirklich gelungen – genau das richtige Souvenir für Ihre Freunde an der Ostküste.
Whitney ist die einzige Stadt in Nordwest-Nebraska und Südwest-Süddakota, die nicht um Hilfe, Schutz oder Waffen gebeten hat. Die Einwohner bauten in aller Ruhe ein Fort, säuberten ihre Winchesters, organisierten eine Bürgerwehr und schickten Short Bull ein Telegramm, er solle ruhig mit seinen Kriegern kommen und sie aus ihren Stellungen vertreiben, wenn er es sich zutraue (Crawford Clipper).

Unserer Meinung nach ist der Clipper falsch informiert. Wenn wir es richtig sehen, hat auch die Stadt Bordeaux niemals um Hilfe gebeten.

Am 9. dieses Monats wandte sich Buffalo Bill, oder Oberst Cody, wie er mit richtigem Namen heißt, in einer Rede an John M. Thayer als Gouverneur von Nebraska. Bill sollte endlich nüchtern werden und sich daran erinnern, daß der neue Gouverneur James E. Boyd heißt, und daß er schon einen anderen Grünschnabel von der Miliz über die Klinge springen ließ, dem es nicht in den Kopf wollte, daß er seine Befehle nicht mehr von Mr. Thayer bekommt. Schicken Sie Ihre Meldungen in Zukunft lieber an Gouverneur Boyd, Oberst Billy, sonst baumelt demnächst ein frischer Skalp am Gürtel des Gouverneurs von Nebraska. Sein Messer ist scharf gewetzt, und er skalpiert am liebsten die Köpfe in der vordersten Reihe.

General Miles

3. Nachspiel

General Miles' Rede

Pine Ridge, 19. Januar - General Miles' Dankesrede an die Adresse seiner Soldaten und sein Rückblick auf den Krieg hat folgenden Wortlaut: »Der Divisionskommandeur hat das Vergnügen, die zu seiner Zufriedenheit erfolgte Beendigung der Feindseligkeiten bekanntzugeben. Die Unruhe war weit verbreitet und hatte verschiedene Stämme erfaßt. Ziel der Verschwörung war es, im kommenden Frühjahr einen allgemeinen Aufstand aller Indianer anzufachen. Feindliche Elemente unter den Sioux beschleunigten diese Entwicklung, indem sie ihre Reservate verließen, die gesetzliche Autorität mißachteten und den ihnen zum Zwecke der Zivilisierung anvertrauten Besitz zerstörten. Sie versammelten sich in großer Zahl in einem schwer zugänglichen Gelände, bekannt unter dem Namen Mauvaises Terres von Süddakota, und unternahmen von diesem Schlupfwinkel aus Raubzüge gegen weiße Bürger und mit den Weißen sympathisierende Indianer ins Reservat und die umliegenden Siedlungen. Um den Aufstand zu bremsen, wurde der Befehl gegeben, den Kopf der Verschwörung, Sitting Bull, zu verhaften, der sich anschickte, das ihm zugewiesene Reservat zu verlassen, um sich den obenerwähnten Gegnern anzuschließen. Dies geschah am 14. Dezember vergangenen Jahres. Nachdem er sich zunächst widerstandslos seiner von der Regierung angeordneten Verhaftung gefügt hatte, verursachte er einen Aufruhr unter seinen Gefolgsleuten, die in großer Zahl über die Reservatspolizei herfielen. Diesen Aufstandsversuch bezahlte Sitting Bull mit seinem Leben und der Verhaftung von 300 seiner Landsleute sowie mit der Verlegung der unzufriedenen Elemente aus Standing Rock in andere Reservate.
Als nächstes erfolgte am 21. Dezember 1890 die Verhaftung von Big Foot und seinen Leuten. Diese Bande bestand aus kriminellen Angehörigen verschiedener Stämme, welche die Regierungsanordnungen mißachtet hatten und am 22. De-

zember die Flucht ergriffen. Während diese Maßnahmen durchgeführt wurden, wurden die Truppen rasch zwischen die in ihren Schlupfwinkeln verschanzten Feinde und die Ansiedlungen geworfen, um die üblichen Ausschreitungen zu verhindern und Leben und Besitz der Bürger zu schützen. Fast die gesamte Truppenstärke im Abschnitt von Dakota, unter dem Befehl von General Ruger, wurde so eingesetzt, daß sie den Siedlern den größtmöglichen Schutz gewähren und jede feindliche Annäherung oder jeden Fluchtversuch von seiten des Gegners unterbinden konnte. Kurze Verzögerungen traten dadurch ein, daß die Truppen zunächst in ihre Ausgangsstellungen gebracht werden mußten, und um Zeit zu gewinnen für die Diversionstätigkeit im feindlichen Lager, mit dem Ziel, die gesetzestreuen Elemente zu stärken. Nach und nach gelang es, die Truppen so zu plazieren, daß jeder Widerstand von seiten des Gegners sinnlos wurde und er gezwungen war, sich ins Reservat zurückzuziehen. Die Flucht von Big Foot machte seine erneute Verhaftung notwendig. Diese wurde von einem Bataillon des 7. Kavallerieregiments unter Hauptmann Whiteside und einer Artillerieabteilung unter Leutnant Hawthorne am 28. Dezember 1890 mit Erfolg durchgeführt; danach mußten die gefangenen Indianer sechs Meilen weit nach Wounded Knee marschieren, und um neun Uhr abends übernahm Oberst Forsythe mit dem 2. Batallion seines Regiments das Kommando, unterstützt von Leutnant Taylors Sioux-Scouts und zwei Hotchkiss-Kanonen unter dem Befehl von Hauptmann Capron. Mit dieser kriminellen Bande unter Kontrolle der Armee und dem gesamten feindlichen Lager in nächster Nähe des Reservats, im Begriff, die Waffen zu strecken, durfte man hoffen und erwarten, daß die ernsthaften Schwierigkeiten mit den Indianern ohne Verluste an Menschenleben auf Seiten der Weißen beigelegt werden könnten. Während Big Foots Leute am Morgen des 29. Dezembers entwaffnet wurden – einen Teil ihrer Waffen hatten sie bereits abgegeben – hetzte einer ihrer falschen Propheten sie mit fanatischen Reden zum Angriff auf, in dessen Verlauf – sowie beim anschließenden Versuch auszubrechen – fast alle Männer sowie eine große Anzahl von Nichtkombattanten getötet wurden. Während des Gefechts kamen etwa 150 junge Krieger, die sich eigentlich hatten ergeben wollen, Big Foot zu Hilfe und verwickelten die Soldaten in heftige Kämpfe; auf dem Rückzug unternahmen sie eine wilde Attacke auf die Agentur, die jedoch durch das Abwehrfeuer der Reservatspolizei und der Scouts erfolgreich abgeschlagen wurde. Dies wiederum verursachte eine allgemeine Panik, und etwa 3000 Indianer flohen aus der Agentur in die Cañons und Schluchten am White Clay Creek, wo sie eine feindselige Haltung einnahmen, von den zu ihrer Verfolgung aufgebrochenen Truppen jedoch rasch unter Kontrolle gebracht wurden. Die Versuche einer Handvoll Krieger, die Gebäude der Agentur anzuzünden, führten zu einem Scharmützel mit dem 7. Kavallerieregiment unter Oberst Forsythe, dem Major Henry vom 9. Regiment prompt zu Hilfe eilte. Am 1. Januar 1891 kam es zu einem heftigen Gefecht am White River zwischen einer Streitmacht von etwa hundert Kriegern und Hauptmann Kerrs Soldaten vom 6. Kavallerieregiment, in dessen Verlauf die Indianer mit Verlusten zurückgeschlagen wurden, nachdem Major Tuppers Batallion zur Verstärkung eingetroffen war. Es folgten mehrere Scharmützel zwischen den Indianern und einem Spähtrupp von Scouts unter dem Befehl von Leutnant Casey, dessen tragischer Tod einen schweren Verlust für die Armee bedeutet. Die Truppen unter dem Kommando von Brigadegeneral Brooke zogen ihre rückwärtigen Linien immer enger zusammen und zwangen den Gegner aufgrund ihrer zahlenmäßigen Überlegenheit, sich in die Agentur zurückzuziehen, wo er sich in Reichweite der Geschütze und unter der Kontrolle der Armee befindet. Die Armee hat den Verlust so tapferer Offiziere und Patrioten wie Hauptmann Wallace und Leutnant Casey zu beklagen, nicht zu vergessen die tüchtigen Unteroffiziere und Soldaten, die ihr Leben für die Regierung hingaben; durch die Ausdauer, Stärke und Geduld von Offizieren und Mannschaften sind überzeugende Leistungen erzielt worden. Die Entwaffnung des Gegners ist in großem Maßstab beendet, wird aber in kleinerem Umfang von militärischen Kommandos und Reservatsbeamten weitergeführt. Die Truppen werden so bald wie möglich zu ihren Standorten zurückverlegt, im Bewußtsein, daß sie der gesamten Nation einen wertvollen Dienst geleistet haben durch die erfolgreiche Niederschlagung eines höchst gefährlichen Indianeraufstands und dadurch, daß es ihnen gelungen ist, einen Schutzwall zwischen die feindlichen Indianer und die schutzlosen Siedlungen zu legen, so daß außerhalb des Reservats kein einziges Menschenleben zu beklagen war.«

Redaktioneller Kommentar

22. Januar 1891 - Die Indianerhäuptlinge sollen nach Washington reisen, und die Indianerbehörde will einen Beamten losschicken, um sie auf der Reise zu begleiten. Der militärische Arm der Regierung hat gegen diese Absicht Einspruch erhoben. Die Offiziere, die während der jüngsten Aufstände mit den Indianern zu tun hatten, sehen darin einen Versuch des Innenministeriums, ihren Einfluß auf die Indianer zu untergraben. Wenn das wahr ist, zieht ein Verdacht den anderen nach sich, und zwar dergestalt, daß es General Miles mit den ihm zur Verfügung stehenden Truppen gelungen ist, einen solchen Einfluß auf die Indianerhäuptlinge auszuüben, daß er nunmehr seine Lieblingsidee durchsetzen kann, die Indianer ganz der Kontrolle des Kriegsministeriums zu unterstellen – eine Idee, die schon seit zwanzig Jahren in den Köpfen herumspukt. Wenn es den Häuptlingen jedoch erlaubt wird, mit einer zivilen Eskorte nach Washington zu reisen, wird der erzwungene Einfluß der Armee genausoschnell wieder dahinschmelzen, wie er ihnen aufgedrängt worden ist.
Wir sind, erstens, der Meinung, daß die Indianer nicht der Kontrolle des Kriegsministeriums unterstellt werden sollten, und zweitens, daß sie dies auch gar nicht wünschen – ganz gleich, was einige von ihnen in der erlauchten Anwesenheit von General Miles dazu sagen; und wir prophezeien, daß, sobald die Indianer sich offen und ehrlich äußern können, frei von fremden Einflüssen, sie die Idee, unter die Kontrolle der Armee zu geraten, weit von sich weisen, und stattdessen zu Recht weitgehende Verbesserungen in der Verwaltung der Indianerbehörde fordern werden. Wir wagen nicht zu behaupten, daß die Indianer Hauptmann Pierce als Agenten ablehnen. Vielleicht ziehen sie ihn sogar jedem anderen vor, denn es ist in letzter Zeit so oft vorgekommen, daß Offiziere

in Notfällen mit dem Amt des Agenten betraut wurden, daß ihre Anwesenheit unter den Indianern schon lange kein Gesprächsthema mehr ist. Das gilt jedoch nicht für die Anwesenheit von Truppen. Der Indianer hat für die Armee der Vereinigten Staaten nichts als Haß und Mißtrauen übrig, auch wenn er einzelne ihrer Mitglieder vielleicht respektiert, und das erste, was er in Washington verlangen wird, ist der Abzug der Truppen aus dem Reservat. In der Tat: nachdem General Miles die Unruhen für beigelegt erklärt hat, sollten alle Truppen aus Pine Ridge abgezogen werden, denn selbst wenn nur wenige Kompanien dort zurückblieben, würden sie die Indianer nur unnötig irritieren, und ihre Anwesenheit in der Agentur stünde im Widerspruch zu der offiziell verkündeten Versöhnungspolitik – abgesehen davon, daß sich ein so kleines Kontingent von Soldaten im Ernstfall nicht länger halten könnte als Big Foots Krieger in Wounded Knee. Hauptmann Pierce benötigt keine Soldaten mehr in Pine Ridge, nachdem die Angelegenheit nunmehr bereinigt ist. Er wird mit den Indianern gut zurechtkommen, nicht weil er ein Armeeoffizier ist, sondern weil er die Regierung aufgefordert hat, ihre Vertragspflichten einzuhalten, und von Morgan bereits die Zusage bekommen hat, daß dies geschehen soll. Hätte Morgan diese Forderungen früher zur Kenntnis genommen, die schon vom Agenten Gallagher ständig vorgetragen wurden, wäre es gar nicht erst zu den jüngsten Unruhen gekommen. In Wahrheit ist der Indianerbeauftragte Morgan ein Versager, denn er hat in seiner ganzen Dienstzeit nicht einen Brief an seine Beamten geschrieben, in dem nicht von Schulhäusern, Schulbüchern und Sonntagsschulen für die Indianer die Rede war, um deren physisches Wohlergehen er sich dabei ebensowenig gekümmert hat wie um die Finanzen seines Ressorts. Aber selbst das ist noch kein Argument gegen die Verwaltung der Indianerangelegenheiten durch zivile Behörden, genausowenig wie die Erfolge von Hauptmann Smith ein Argument zugunsten militärischer Kontrolle darstellen. Es geht vielmehr darum, kompetente Männer an die richtige Stelle zu setzen, und die Regierung zur Einhaltung ihrer Versprechen zu zwingen. Den Indianern ist es ziemlich egal, auf welchen speziellen Kanälen sie ihre Rechte bekommen, wenn sie sie nur wirklich bekommen;

jeder vernünftige Mensch wird mit ihnen fertig, selbst der wohlerzogene, sanfte Dr. Royer hätte das beinahe geschafft, aber wir haben nun mal nicht genügend Soldaten in unserer Armee, um die Indianer zum Hungertod zu zwingen oder auch nur zu entwaffnen, ohne sie dabei zu vernichten, wie es jüngst geschehen ist – bei allem Respekt für General Miles und seine braven Boys. Wir haben keinerlei Verständnis für die extremen Indianerfreunde und Indianerfeinde. Unserer Meinung nach sind beide Gruppen genauso zu bedauern wie die Indianer selbst, obwohl natürlich jedermann das Recht hat, sich den indianischen Charakter so vorzustellen, wie es ihm beliebt. Aber es würde doch ein allzu düsteres Bild ergeben, wenn man dabei alle helleren Züge übermalte, von denen einige die Bewunderung jedes vernünftig denkenden Menschen erregen müssen, wie zum Beispiel die bekannte Freiheitsliebe der Indianer, welche für sie untrennbar mit dem Recht verknüpft ist, Waffen zu tragen.

Minister Nobles Indianerpolitik

Washington, 18. Januar - Die Washington Post schreibt, daß Innenminister Noble im Hinblick auf die zukünftige Indianerpolitik erklärt hat, zu allererst müßten die Indianer ihre Waffen abgeben. Ein Intellekt, der die komplizierte Mechanik einer Winchester zu meistern vermöge, müsse auch fähig sein, die edle Einfachheit des Pfluges zu erfassen, und er schlug vor, den feindlichen Sioux-Indianern die Möglichkeit und auch den Anreiz zu geben, für ihre Bedürfnisse selbst zu sorgen. Von den 244 000 Indianern in den Vereinigten Staaten verdienen zwei Drittel ihren Lebensunterhalt selbst. Staatssekretär Tracy ist entschieden dafür, diejenigen Indianer, die noch immer von der Wohltätigkeit der Regierung abhängen, genau wie die weiße Bevölkerung durch Arbeit für ihre Ernährung selbst aufkommen zu lassen. Sie sollten fair und gerecht behandelt werden, aber die Arbeit sollte ein fester Bestandteil jedes Zivilisationsplanes für die Indianer werden.

(Redaktioneller Kommentar) Wenn Innenminister Noble einen Weg kennt, wie die waffentragenden Indianer von

denen getrennt werden können, die ihre Waffen freiwillig abgegeben haben, und von Frauen und Kindern, dann hat er einen Orden verdient, obwohl es kein Gesetz gibt, das es den Indianern verbietet, Waffen zu tragen. Aber wie die Dinge nun einmal liegen, sind die Bürger dieses Landes, auch wenn sie noch so sehr die Entwaffnung der Indianer wünschen, nicht länger bereit, das Abschlachten wehrloser Frauen und Kinder hinzunehmen. Die Regierung der Vereinigten Staaten wird nicht ins Schlachtereigeschäft einsteigen auf Befehl einer Handvoll inkompetenter Leute, denen die Umstände vorübergehend Macht verliehen haben. Machen Sie sich keine Sorgen um die Indianer, die die komplizierte Technik einer Winchester beherrschen, Herr Minister! Sie haben ihre zertrampelten Rechte unter den Füßen der Inkompetenz hervorgezogen. Sie haben unseren Generälen eine Lektion erteilt. Sie haben keinem Siedler ein Haar gekrümmt. Sie haben geplündert, wie es alle Armeen tun, und haben sich bereit erklärt, den dadurch entstandenen Schaden wiedergutzumachen, und sie werden die Mörder des tapferen Leutnant Casey und des unglücklichen Mr. Miller der Justiz übergeben, aber ins Buch der Geschichte haben sie mit Blut geschrieben, daß der Preis für ihre Waffen der Tod ist.
Die Anspielung des Ministers auf die Wohltätigkeit der Regierung stellt eine Verdrehung der Tatsachen dar. Was die Indianer von der Regierung bekommen, beruht genausowenig auf Wohltätigkeit wie das Gehalt des Herrn Ministers. Sie sprechen von Arbeit, Herr Minister, und damit haben Sie endlich einmal den richtigen Ton angeschlagen – aber was für eine Arbeit sollen die Sioux tun? Der Pflug kommt für sie nicht in Frage. Das Land, auf dem sie wohnen, bringt nicht genug Ertrag, um sie für ihre Arbeit zu entschädigen oder auch nur zu ermutigen, und selbst wenn es ihnen gelänge, Ackerbauer zu werden, würden sie dadurch nur unseren Farmern Konkurrenz machen, die schon heute aufgrund der »Überproduktion« bettelarm sind – das müssen Sie, ohne rot zu werden, zugeben, Herr Minister!
Aber Sie haben recht, Herr Minister, geben Sie den Indianern Arbeit, lassen Sie sie in Wettbewerb treten mit den Produzenten in diesem Land. Errichten Sie Stahlwerke an den Ufern der schnell strömenden Flüsse des Reservats – das Rohma-

terial ist dort reichlich vorhanden. Errichten Sie Manufakturen zur Herstellung von Farbe – auch dafür ist das Rohmaterial in großen Mengen und bester Qualität vorhanden. Bauen Sie Schuh- und Textilfabriken, Gerbereien und Zuckerraffinerien, denn das Land wird erstklassige Zuckerrüben liefern, und wenn Sie diese und andere Industrien geschaffen haben, haben Sie den jungen Indianern beiderlei Geschlechts eine Zukunftsperspektive gegeben nach Absolvierung der Schule. Anstatt sie träge um die Agentur herumlungern und wieder zu Wilden verkommen zu lassen, lehren sie die Indianer, aus der Wolle ihrer Schafe Decken zu weben, und schalten Sie die Mittelsmänner und Zwischenhändler aus, die auf ihre Kosten reich geworden sind; dann werden sich die älteren Indianer wieder der Viehzucht zuwenden, in der sie vor dem Ausbruch des letzten Krieges bereits beachtliche Fortschritte erzielt hatten. Hierin liegt für Sie eine einzigartige Möglichkeit, die Sioux-Indianer zu zivilisieren, denn erst wenn ihre Kriegsgesänge vom Sausen der Spinnräder und vom Dröhnen der Maschinen übertönt werden, werden ihre Feuerrohre endlich aufhören, 64 000 000 Menschen in Schrecken zu versetzen.

Washington, 15. Januar - Der Indianerbeauftragte hat einen Brief an Hauptmann Pierce geschrieben, den gegenwärtigen Agenten in Pine Ridge, in dem er ihn der vollen Unterstützung und Kooperation von Seiten der Indianerbehörde bei der Ausübung seines Amtes versichert. Der Bevollmächtigte fügt hinzu, daß, nach der Ratifizierung des Sioux-Etats durch den Senat, die unterbrochenen Zahlungen so schnell wie möglich wiederaufgenommen und die Nahrungsmittelverteilung vom Kongreß genehmigt werden soll. Es ist sein persönliches Anliegen, die Erziehungsarbeit mit größtmöglicher Effizienz fortzusetzen. Außerdem ermächtigt er Hauptmann Pierce, die Qualifikation seiner Untergebenen zu überprüfen, Angestellte, Farmer u. a., und jeden, der seinen Pflichten nicht Genüge getan hat, sofort zu melden. Er bittet darum, den während der jüngsten Kämpfe Verletzten oder Verwundeten jede nur denkbare Pflege zukommen zu lassen und allen von Indianern vorgebrachten Beschwerden über ihre Behandlung in der Vergangenheit, ebenso wie

Vorschlägen zu ihrem zukünftigen Wohlergehen, Gehör zu schenken.
Major John M. Burke, der Manager von Buffalo Bills Wildwestschau, hat sich während der jüngsten Unruhen in Pine Ridge aktiv für die Erhaltung des Friedens eingesetzt und dabei mit Hilfe seiner Wildwestindianer beachtlichen Erfolg erzielt.

Rückzug der Soldaten

Pine Ridge, 24. Januar - In Übereinstimmung mit dem gestern ergangenen Rückzugsbefehl für die Truppen marschierten zwei Züge des 8. Kavallerieregiments nach Fort Meade ab. Das 7. Regiment und Caprons Batterie brachen nach Rushville auf und werden ihr Marschziel in zwei Tagen erreicht haben, wo die Kranken und Verwundeten zu ihnen stoßen werden, deren Abtransport heute begann. Das 9. Kavallerieregiment wird sein Winterlager an der Straße nach Rushville aufschlagen, etwa sechs Meilen von der Agentur entfernt. Eine Scout-Kompanie, bestehend aus Mitgliedern der Indianerpolizei, deren Dienstzeit gestern zu Ende ging, wird unter dem Kommando eines Offiziers des 6. Kavallerieregiments nach Fort McKinney geschickt.
General Miles kündigte an, er werde in ein paar Tagen die Mitglieder der Indianerdelegation bestimmen, die nach Washington reisen soll. Hauptmann Baldwin, Inspizient für Handwaffenübungen in der Missouri-Division und Mitglied von General Miles' Stab, ist schwer erkrankt; eine große Zahl von Offizieren und Mannschaften leidet unter starken Erkältungen und Rheumatismus.
General Brooke beorderte das 2. Infanterieregiment aus Omaha nach Hause zurück. Das 7. Infanterieregiment aus Fort Russell erhielt ebenfalls Marschbefehl und wird voraussichtlich morgen aufbrechen. Die Kompanien A und G vom 9. Kavallerieregiment sind nach Fort Robinson beordert worden, die Kompanien A und C vom 8. Regiment nach Fort McKinney.
General Brooke und sein Stab werden nächsten Sonntag in ihre Heimat zurückkehren. Oberst Heyl, Generalinspekteur der Missouri-Division, ist soeben eingetroffen.

Redaktioneller Kommentar

Dr. Royer möchte gern auf seinen Posten als Agent in Pine Ridge zurückversetzt werden. Auch Mr. McGillycuddy bewirbt sich um diesen Posten, ebenso wie J. H. Cook aus Sioux County. Da Hauptmann Pierce kurz nach seiner Amtsübernahme schwer erkrankt ist, wird er gegenwärtig von Hauptmann Dougherty vertreten, der sein Amt wahrscheinlich noch bis zum Frühjahr ausüben wird. Wenn der Innenminister dann wieder einen Zivilisten auf diesen Posten beruft – was er sicherlich tun wird – hat Dr. Royer die besseren Chancen als Mc Gillycuddy, und zwar aus vielerlei Gründen. Mr. McGillycuddy stützt sich bei seiner Bewerbung auf die Tatsache, daß er früher die Agentur verwaltet hat und mit den Indianern gut zurechtkam. Nehmen wir einmal an, das sei wahr, und gehen wir von einer Tatsache aus, die niemand, der einigermaßen über Indianer Bescheid weiß, bestreiten wird und deren Wahrheit auch General Miles erfahren mußte: daß die Frage, ob man mit den Indianern zurecht kommt oder nicht, einzig und allein von der Menge des zur Verteilung kommenden Rindfleischs abhängt. Diese Feststellung beinhaltet noch keinen Vorwurf an die Adresse der Gentlemen, die als Agenten fungierten, aber da dem so ist, wollen wir einmal die maximalen und minimalen Mengen an Rindfleisch, die ihnen während ihrer Amtszeit von der Regierung geliefert wurden, unparteiisch betrachten. Angefangen mit Mr. McGillycuddy: während seiner Amtszeit erhielt er achteinhalb Millionen Pfund Rindfleisch pro Jahr, d. h. nie weniger als siebeneinhalb Millionen Pfund, und dies zu einer Zeit, als das Land noch von jagdbarem Wild wimmelte. Als McGillycuddy von Hauptmann Bell abgelöst wurde, begann dieser, die Indianer zu zählen, und stellte fest, daß 600 weniger da waren als McGillycuddy in seinen Abrechnungen angegeben hatte. Daraus geht klar hervor, daß es ihm nie an Rindfleisch mangelte, um den Appetit der Wilden zu stillen, und das allein hätte ausgereicht, um mit den Indianern in Frieden zu leben, was jedoch, trotz aller gegenteiligen Beteuerungen, nie der Fall war. Unter McGillycuddy mußten viele Indianer Hunger leiden – nicht etwa weil die Vorräte knapp waren, sondern weil sie sich weigerten, »Hurra für McGillycuddy«

Verteilung der Rindfleischrationen an die Indianer

zu schreien. Es gab ständig Streit im Reservat, weil McGillycuddy Zwietracht säte und die Indianer gegeneinander aufhetzte. Er schikanierte Red Cloud aus keinem anderen Grund, als um Aufmerksamkeit zu erregen, seinen eigenen Namen in die Zeitungen zu bringen und berühmt zu werden, und es war wiederum seine Sucht nach Prominenz, die ihn während der jüngsten Unruhen nach Pine Ridge trieb, wo er seine Zeit damit zubrachte, sich in Beratungen einzumischen, die ihn nichts angingen, und die Autorität von Dr. Royer zu untergraben und zu schwächen, mit dem Ziel, späterhin dessen Nachfolge anzutreten. Es ist nicht unsere Absicht, McGillycuddy hier persönlich anzugreifen, aber da er sich um ein Amt bewirbt, das er schon einmal ausgeübt hat, muß er sich diese Kritik an seiner Amtsführung gefallen lassen.
Aber zurück zu der aufgeworfenen Frage: Nachdem Hauptmann Bell die Indianer gezählt hatte und in diesem Jahr die Ernte ziemlich gut ausgefallen war, wurden ihre Rindfleischrationen reduziert, und als Oberst Gallagher die Agentur übernahm, erhielt er im ersten Jahr sechs Millionen Pfund Rindfleisch, im zweiten und dritten Jahr fünf Millionen, und im vierten nur vier Millionen Pfund. Vergleicht man diese Mengen mit den sieben und acht Millionen Pfund Rindfleisch, die McGillycuddy geliefert bekam, und berücksichtigt, daß die Unruhen in Pine Ridge durch Hunger verursacht wurden, dann muß man sich doch fragen, was ein Agent wie McGillycuddy mit den vom Geistertanz aufgeputschten, halbverhungerten Indianern getan hätte, die sich nicht mehr von der Jagd ernähren konnten, weil es kein Wild mehr gab?
So war die Situation, als Dr. Royer die Agentur übernahm. Nachdem Oberst Gallagher längst alle Hoffnung aufgegeben hatte, daß die Indianer jemals bei den Behörden zu ihrem Recht kommen würden, gelang es ihm nur aufgrund seiner Erfahrung und seiner taktischen Klugheit, die Indianer in den Grenzen des Gehorsams zu halten: sie waren fest entschlossen, lieber einen Aufstand zu riskieren und dabei erschossen zu werden, als langsam zu verhungern, und in dieser verzweifelten Stimmung traf Dr. Royer sie an. Er verstand ihre Verzweiflung, und, aufgrund mangelnder Erfahrung, konnte er seine begründete Ängste nur schwer verbergen. Dies wiederum machte den Indianern Mut, und Royer

verlangte mehr Rindfleisch für sie. Eine Erhöhung der Rationen auf eine halbe Million Pfund wurde ihm zugestanden, und zwar aus den gleichen Gründen, aus denen sie Gallagher abgeschlagen worden war, nämlich aus politischen. Aber auch diese Menge reichte nicht aus, und die Indianer benahmen sich immer herausfordernder, bis Royer die Armee zu Hilfe rief, oder, wie er es ausdrückte, die Angelegenheit dem Militär zur Beurteilung vorlegte, und Truppen in Marsch setzte. Royer hielt es für selbstverständlich, daß die Truppen geschickt worden seien, um seine Autorität zu stärken, aber der langandauernde Konkurrenzkampf zwischen der Armeeführung und dem Innenministerium über die Verwaltung der Indianer machte ihm einen Strich durch die Rechnung. Pine Ridge wurde unter Militärgerichtsbarkeit gestellt, und Dr. Royer hatte nicht mehr zu bestimmen als ein Fremder.

Dr. Royer, Dr. McGillycuddy und Mr. J. H. Cook sind natürlich alle Republikaner, und ihr Machtkampf um den Posten in Pine Ridge gewinnt dadurch ein zusätzliches Interesse. Mr. Cook ist ein erstklassiger Gentleman, der über große Erfahrung im Umgang mit den Indianern im Süden verfügt. Er ist ein angesehener Farmer und Viehzüchter in Sioux County, und die Regierung wäre nicht am schlechtesten beraten, wenn sie ihn auf den Posten berufen würde. Wenn wir im Wettgeschäft tätig wären, würden wir jedoch sagen, daß keiner der genannten Gentlemen den Vogel abschießen wird, und wenn es anders sein sollte, prophezeien wir, daß Dr. Royer den Sieg davonträgt, denn aus Gründen der Fairneß muß zu seinen Gunsten gesagt werden, daß er zu Unrecht angegriffen worden ist und nie eine Chance bekam, die Dinge in Pine Ridge in die Hand zu nehmen. Außerdem sind wir der Ansicht, daß der glückliche Ausgang der Unruhen in Pine Ridge für ihn spricht, da er rechtzeitig die Armee zu Hilfe geholt und so die Beilegung der Krise in den Wintermonaten ermöglicht hat.

Hauptmann Taylor, Kommandeur der Sioux-Scouts, war am Samstagabend in der Stadt, auf dem Weg nach Fort Robinson. Hauptmann Taylor sagte, daß General Miles genug Waffen von den Indianern erbeutet hätte, um ihre Kampfkraft entscheidend zu schwächen, und daß die Armee es für nötig halte, den Indianern Feuerwaffen in genügender Menge zu belassen, damit sie sich selbst verteidigen könnten gegen Überfälle wie den, der vor kurzem völlig grundlos auf Few Tails verübt worden sei. Er teilte uns außerdem mit, daß eine Bande von weißen Plünderern der Armee auf dem Fuß gefolgt sei und aus den Hütten der Indianer alle noch verbliebenen Wertsachen geraubt hätte, sowie eine große Anzahl Mustangs, die mit Güterwaggons an die Ostküste verfrachtet worden seien. Etwa 50 prominente Indianerführer werden General Miles nach Chicago begleiten, unter ihnen Kicking Bear und Short Bull. Sie werden eine Zeitlang dort bleiben, um zivilisiert zu werden, und Hauptmann Taylor wird sie dabei betreuen. Für diese Aufgabe gibt es keinen fähigeren Offizier als Hauptmann Taylor, da er das volle Vertrauen aller Indianer genießt aufgrund seines geschickten Umgangs mit den ihm unterstellten Indianersoldaten.

Joseph Ford reiste am ersten Tag der Woche nach Washington ab. Er wird die Indianerdelegation durch verschiedene Städte des Ostens begleiten und unterwegs die Kriegsbilder der Northwestern Photographic Co. verkaufen.

Etwa 140 von den 1570 feindlichen Brûlé-Indianern, die aus den Badlands hierhergekommen sind, sind ins Rosebud-Reservat zurückgekehrt. Die Mehrzahl von ihnen weigert sich, in ihr altes Reservat zurückzukehren. Morgen findet eine Konferenz statt, um festzustellen, was unter diesen Umständen geschehen soll.

Leutnant Caseys Mörder

Chicago, 28. Januar - Nach Aussagen des soeben aus Pine Ridge eingetroffenen Leutnants Chamberlain ist der Mörder von Leutnant Casey ein Absolvent der Indianerschule in Carlisle, Pennsylvania, und Sohn des berühmten Sioux-Häuptlings No Water. Die Indianer wollten den Mörder zur Aburteilung an die Armee ausliefern, als sie die Nachricht erhielten, daß Few Tails von Weißen ermordet worden war. Sie sagten, sie würden Caseys Mörder erst dann ausliefern, wenn der Mörder von Few Tails ebenfalls festgenommen worden sei: beide sollten zusammen gehängt werden. Caseys Mörder wird von ihnen noch immer gedeckt.

Generaladjutant Corbin erhielt ein Telegramm von General Miles, in dem es hieß, daß dieser morgen mit circa 30 Indianern nach Chicago abreisen werde, unter ihnen Kicking Bear und Short Bull. Die Indianer werden in Fort Sheridan interniert. Sie gehören nicht zu der Delegation, die nach Washington reist.

Der »magere« Feind

Badlands, Süddakota, Regierungstipi des unbesiegbaren Sioux, 1. Februar 1891 - Da einige von euch der Meinung sind, wir hätten uns ergeben, teilen wir euch auf diesem Wege mit, daß wir die Geister von Tecumseh und Black Hawk befragt haben, und daß dies für euch die letzte Chance für eine Friedensregelung ist. Unser Messias ist gekommen, um sowohl die Bleichgesichter wie die Rothäute zu erlösen, und ihr müßt an ihn glauben. Wir fordern euch auf, dem unteilbaren Volk der Sioux das gesamte Gebiet zwischen dem Missouri und dem Arkansas abzutreten sowie die Rocky Mountains im Westen und unser Gewissen im Osten. Wir werden euch in unserer Lebensweise und Religion unterweisen; wir werden eure Kinder in unsere Schulen im Landesinnern schicken, damit sie ihre Muttersprache verlernen; wir werden euch zu Selbstversorgern machen; ihr müßt im Innern von Reservaten leben, deren Grenzen wir für euch festgelegt haben; wir erlauben nur bestimmten Händlern, euch zu betrügen; die Agenten und Angestellten, die eure Interessen zu vertreten haben, werden von uns nur danach ausgesucht, ob sie mit unseren Häuptlingen im Regierungstipi gut Freund sind, und nicht nach Erfahrung und Qualifikation; jeden Tag bekommt ihr zu essen, solange genug Geld in unserer Kasse ist; wenn nicht, bekommt ihr alkalihaltiges Wasser zu trinken und einen Missionar extra, um euch auf das künftige Leben in den ewigen Jagdgründen vorzubereiten; ihr seid verpflichtet, auf dem von uns für euch ausgesuchten Land 50 Jahre lang zu wohnen; danach könnt ihr es verkaufen oder verpfänden und von den Zinsen leben; ihr dürft mit niemand Handel treiben außerhalb eures Reservats; ihr dürft euch mit nichts anderem beschäftigen als mit der Biber- und Bisonjagd; wenn einer eurer jungen Männer eine weiße Squaw heiratet, genießt diese die gleichen Rechte wie unsere eigenen Squaws; als besondere Auszeichnung werden wir einige eurer Häuptlinge und Anführer mindestens einmal im Jahr zu unserem Regierungssitz führen, um ihnen zu zeigen, wie weise wir sind und wie hart unsere Untergebenen arbeiten, damit ihr euch an ihnen ein Beispiel nehmt; da wir im Bezug auf den Messias nicht alle das gleiche glauben, habt ihr die Wahl zwischen fünf oder sechs religiösen Sekten, aber eurer angestammten Religion, die seit über 2000 Jahren existiert, müßt ihr abschwören; Fortschritt heißt unsere Devise; ihr müßt eure Sitten und Gebräuche, Kleider und Waffen ablegen; ihr dürft nicht länger tanzen, wie ihr es gewohnt seid; ihr dürft nirgendwo hingehen ohne Erlaubnisschein; ihr müßt eure Pferde abgeben – wir werden euch dafür bezahlen, falls wir es nicht vergessen; das Fleisch, das wir euch schenken, schreiben wir euch auf die Rechnung, genau wie alles andere; zu jedem Vorschlag, den wir euch machen, habt ihr nur »how« zu sagen. McKinley wird eine Gruppe von Farmern in einer Zirkustruppe auftreten lassen, um euch die akrobatische Kunststücke vorzuführen, die sie machen müssen, um ihren Lebensunterhalt zu verdienen, damit unser Volk endlich begreift, was für ein unverschämtes Glück es hat, nicht in Ohio oder Indiana leben zu müssen.

Wa-si-cun Tawa-ma-ha-cun

Wa ka-pa Si-ca

P. S. Das »Prohibitionsland« liegt in Mud Springs, zwischen dem Stinkenden Wasser und dem Ausgetrockneten Bach.

Joseph Ford wird morgen aus Washington zurückerwartet, wo er zehn Tage lang als Vertreter der Northwestern Photographic Co. unterwegs war. Dieses Unternehmen vertreibt die einzig authentischen Ansichten von den letzten Indianerunruhen; da es sich um erstklassige Fotografien handelt, verkaufen sie sich so gut, daß sie in Zukunft an verschiedenen Punkten des Landes gleichzeitig hergestellt und verkauft werden sollen.

Innenminister Noble empfängt die Sioux-Delegation
Washington, 9. Februar - Die Zusammenkunft von Minister Noble mit den Mitgliedern der Siouxindianer-Delegation fand im Innenministerium statt. Der Kriegsminister und seine Frau waren anwesend, ebenso die Frau von Minister Noble und seine Sekretärin, Miss Halstead. Minister Noble eröffnete die Konferenz mit den Worten:
»Wir haben euch schon einmal gebeten, hierherzukommen, nachdem der letzte Vertrag mit General Crook geschlossen worden war. Damals wolltet ihr bestimmte Forderungen und Beschwerden vorbringen, und habt von mir feste Zusagen erhalten. Seitdem hat es eine Menge Ärger gegeben, und ihr seid gekommen, um mir zu sagen, welches eurer Meinung nach die Ursachen dieses Ärgers waren, und um eure Beschwerden vorzubringen. Der Minister ist hier, um euch zu sagen, daß er sein Wort gehalten hat, aber wenn es sonst noch etwas gibt, das er für euch tun kann, dann wird er es aus Freundschaft für die Siouxindianer tun. Er ist euer Freund, und der große Vater hat ihn beauftragt, euer Freund zu sein. Er möchte, daß ihr zu ihm als Freunde sprecht, und wird euch im gleichen Geist begegnen.«
Danach wollte der Minister wissen, ob die Indianer untereinander irgendwelche Absprachen getroffen hätten in Bezug auf die Rednerliste. Es sei ihm nicht möglich, sie alle anzuhören, aber er würde gerne einige von ihnen zu Wort kommen lassen; sie müßten sich jedoch kurz fassen. Er fügte hinzu, wenn es keine Einwände gebe, werde er jetzt John Grass, Hollow Horn, Bear, American Horse, Two Strike, Hump und Young-Man-Afraid-of-His-Horses das Wort erteilen.
In seiner Erwiderung sagte Louis Rencoltre, die Indianer seien mit dieser Regelung einverstanden, da sie wünschten, daß jedes Reservat mit einem Sprecher vertreten sei.
John Grass nahm als erster das Wort. Reverend Cook von der Episkopatskirche in Pine Ridge fungierte als Dolmetscher. Grass kam sofort auf die jüngsten Unruhen unter den Indianern zu sprechen, deren Ursachen er nicht kenne. Sie seien hergekommen, um diese Angelegenheit mit dem Minister zu erörtern. Er sagte, die Indianer wünschten nicht länger, als Wilde zu leben; sie wollten sich mit dem Präsiden-

oben: Kicking Bear, John Grass
unten: Hump, Young-Man-Afraid-of-His-Horses

ten beraten, um über ihre Zukunft zu entscheiden. Sie hielten es jedoch für wünschenswert, daß ihre Angelegenheiten von Zivilisten, anstatt von Militärs, verwaltet würden. In der Vergangenheit hätten die Indianeragenten viele Möglichkeiten gehabt, sich zu bereichern, aber jetzt sei es schwieriger für sie geworden, so etwas zu tun. Die Agenten der letzten Jahre seien gute Menschen gewesen. Im Hinblick auf sein eigenes Reservat sagte er, daß der Aufstand rechtzeitig von der Indianerpolizei vereitelt worden sei. Grass sagte, die Indianer

hätten volles Vertrauen zu ihrer Polizei, und bat um die Aufstockung der Indianerpolizei um fünfzig Mann. Dann schüttelte er dem Minister die Hand und nahm seinen Platz wieder ein.
American Horse sagte, die Regierung habe Fehler gemacht bei ihrem Versuch, die Indianer zu zivilisieren. Er begann, die Fehler einzeln aufzuzählen. Anstatt die Posten im Reservat den Indianern zu geben, würden sie von Weißen beansprucht, welche die Indianer von dort verdrängen würden. Sein Volk wolle die Möglichkeit haben, aufzusteigen und Ämter zu besetzen, die Vertrauen und Erfahrung erforderten und in seiner Reichweite lägen. Er wandte sich dann religiösen Fragen zu und sagte, es gäbe drei Sekten im Reservat, die versuchten, den Indianern eine bessere Lebensweise beizubringen und, ganz besonders, religiöse Eheschließungen herbeizuführen. Die Indianer wollten sich jedoch nicht zwingen lassen, gegen ihren Willen bestimmte Personen zu heiraten.

Washington, 10. Februar - Noch nie in der Geschichte der indianischen Rasse schwebte ein Indianer so hoch über der Erde wie die zwölf Sioux-Häuptlinge, die letzte Woche in die Stadt gekommen sind. Sie bestiegen einen Aufzug und wurden auf die oberste Plattform des Washington-Denkmals befördert. Sie zeigten großes Interesse an allem was sie durch die schmalen Fenster hindurch sehen konnten, und einige von ihnen wollten gar nicht wieder herunterkommen. Es ist wohl kaum ein eindrucksvolleres Schauspiel denkbar für eine Bande rebellischer Rothäute, um ihnen die Größe und Macht des Volkes vor Augen zu führen, gegen das sie zum Kampf angetreten sind. Morgen früh um zehn findet eine Konferenz oder ein »Pow-Wow« zwischen Minister Noble und seinen Zöglingen statt. Nur Regierungsmitglieder, die direkt mit indianischen Angelegenheiten befaßt sind, und Pressevertreter sind dabei zugelassen. Die Konferenz wird wahrscheinlich mehrere Stunden dauern und verspricht, äußerst erschöpfend zu werden.

Neues aus Pine Ridge

12. Februar 1891 - Die Cheyennes, die vor einiger Zeit unter militärischer Eskorte Pine Ridge verlassen haben, um zu ihrem Reservat am Tongue River zurückzukehren, sind vom Schneesturm überrascht worden und haben nur mit Mühe und Not die Black Hills erreicht.

Am 9. dieses Monats begann in Pine Ridge die jährliche Rentenauszahlung. Wegen der vielen neuen Angestellten wird die Auszahlung wahrscheinlich eine ganze Woche dauern. Im letzten Jahr dauerte sie nur drei Tage, und fand sechs Wochen früher statt. Im Vertrag ist vorgesehen, daß die Auszahlung schon im August stattfindet, aber stattdessen wird sie gewöhnlich bis zum kältesten Winter aufgeschoben. Hauptmann Pierce ist wegen seiner angegriffenen Gesundheit von seinen Pflichten als Agent in Pine Ridge entbunden und Hauptmann Penny vom 6. Infanterieregiment auf seinen Posten berufen worden. R. O. Pugh, der neun Jahre lang an verantwortlicher Stelle in der Agentur gearbeitet hat, ist zum kommissarischen Angestellten ernannt worden, und John Darr, der fünf Jahre lang die Rinderherde der Agentur betreut hat, ist zum Oberhirten berufen worden.

Redaktioneller Kommentar

Es ist amüsant zu sehen, wie die Zeitungen des Nordwestens, die am lautesten gezetert haben über die von gewissen Korrespondenten in die Welt gesetzten Sensationsmeldungen, plötzlich selbst erklären, daß »der Krieg noch lange nicht vorbei« ist. »Diese Reporter sind einfach Lügner. Sie beleidigen die gesamte Nation«, war der Refrain ihres Liedes im Dezember: Leute, die sich selbst für »Volkes Stimme« hielten, trafen sich in feierlichem Konklave, um gegen die in Omaha erscheinenden Tageszeitungen zu protestieren; und die wetterwendische Presse des Ostens druckte ihre diversen Resolutionen sechsspaltig *in quarto*, nach dem Motto: »Der angebliche Aufstand in Pine Ridge fand nur in der überhitzten Phantasie einer Handvoll skrupelloser Reporter statt«, usw.

Und jetzt ist plötzlich alles anders. Nachdem die wildesten Prophezeiungen der Korrespondenten bis zu einem gewissen

Grad eingetroffen sind – vielleicht per Zufall, aber das spielt jetzt keine Rolle –, und nachdem es General Miles mit viel Geduld und noch mehr Truppen gelungen ist, die Situation zu entschärfen, hat sich, entlang der Straße von Hermosa nach Chadron, ein neuer Bürgerverein gebildet, der General Miles vorwirft, daß er Pine Ridge nicht in einen einzigen Schlachthof verwandelt hat, in dem sich das Blut der Indianer mit dem der Soldaten mischt. Und wozu das alles? Um in den Besitz von ein paar hundert Gewehren zu gelangen, welche die Indianer ordnungsgemäß gekauft und bezahlt und fünfzehn Jahre lang an der Wand hängen hatten, ohne irgendjemand zu belästigen. Außer bei der Rindfleischverteilung haben sie die Gewehre nie getragen. Das Gewehr, als ständiger Begleiter der Sioux, war längst überflüssig geworden, bis es erneut Probleme gab; wenn sich die Verwaltung auch nur ein bißchen Mühe gibt, wird es solche Probleme nicht mehr geben, ob mit oder ohne Gewehr, aber wenn die Zeitungen nicht aufhören zu schreiben, daß »der Krieg noch nicht vorbei« ist, gelingt es ihnen vielleicht, die Indianer so zu verängstigen und zu verunsichern, daß neue Unruhen nicht auszuschließen sind. Wir sind froh darüber, daß die Indianer die Friedensabmachung mit General Miles in gutem Glauben akzeptiert haben, und außer ein paar treulosen Teufeln, die erschossen oder nach Washington geschickt werden sollten, werden sie sich an die Abmachung halten. Sollten im Frühjahr erneut Unruhen ausbrechen, dann haben sie sich das selbst zuzuschreiben, und werden dafür eine Abreibung bekommen, die sich gewaschen hat, denn sie haben keinen Grund, Unruhe zu stiften, nachdem alle ihre Forderungen erfüllt worden sind; trotzdem sollte kein Versuch gemacht werden, die Indianer zu entwaffnen, solange sie sich anständig benehmen. Im Jahre 1876 hat General Crook gegen die gleichen Indianer Krieg geführt, ohne sie hinterher zu entwaffnen, und sie haben ihre Waffen seitdem nie mißbraucht, außer, als sie sich in die Badlands zurückzogen und der Regierung den Gehorsam aufkündigten, welche sie schändlich mißbraucht und ihre Rechte mit Füßen getreten hatte.

Es gibt viele Dinge auf der Welt, die wünschenswert erscheinen, deren Endzweck aber in keinem Verhältnis steht zu den

dafür aufgewendeten Mitteln, und die gewaltsame Entwaffnung der Indianer ist eines dieser Dinge, denn alle Gewehre der Sioux-Indianer sind nicht soviel wert wie das Leben eines einzigen weißen Soldaten. Außerdem sollten wir niemals aufhören zu bedenken, daß sie ihre Gewehre nicht mehr zu benutzen brauchen, wenn sie von den Weißen fair behandelt werden, und daß ihre Gewehre nicht mehr wert sind als Keulen, wenn ein Gesetz erlassen wird, daß den Verkauf von Munition an Indianer verbietet. Der letzte Krieg war in vieler Hinsicht eine unnötige, teure und völlig ungerechtfertigte Farce, deren bester Teil ihr rasches Ende war. Dafür gebührt General Miles und General Brook größtes Lob, und solange General Miles nicht von sich behauptet, er habe die Indianer entwaffnet, gibt es keinen ernsthaften Grund, ihn zu kritisieren.
Hauptmann Wright von Kompanie K, 9. Kavallerieregiment, ist in der Stadt. Kein Regiment in Pine Ridge hat mehr geleistet, während der jüngsten Unruhen als das 9., und Hauptmann Wright und seine Kompanie waren immer mitten im heftigsten Kampfgetümmel.

26. Februar 1891, »Rapid City Weekly Journal« - Ein Reporter unserer Zeitung führte gestern ein Gespräch mit einem Gentleman, der in Indianerangelegenheiten zwar selten zitiert wird, aber trotzdem bestens informiert ist. Er hat mehrere Jahre lang in halboffizieller Mission in unmittelbarer Nähe von Pine Ridge gelebt, ist ein genauer Beobachter und verfügt über Informationsquellen, die den meisten Menschen verschlossen sind. Dieser Gentleman meint, was die Indianer betrifft, sie hegten keinen besonderen Groll wegen der jüngsten Geschehnisse, nur eine gewisse Feindseligkeit gegenüber den Soldaten. Ihrer Meinung nach seien die Soldaten im Recht gewesen, als sie auf die Krieger schossen, die den Kampf begonnen hätten, aber sie hätten kein Recht gehabt, wehrlose Frauen und Kinder zu töten. Sie weisen darauf hin, daß die Leichen von Frauen und Kindern meilenweit vom Schlachtfeld entfernt aufgefunden worden sind, als Beweis für ein schreckliches Massaker. Diese Tatsache wurde bereits im Bericht der Untersuchungkommission erwähnt, die Oberst Forsythes Verhalten prüfte, und von General Miles bestätigt. Der Gewährsmann unserer Zeitung gibt an, daß die Leichen einer Squaw, zweier kleiner Mädchen und eines kleinen Jungen fünf Meilen vom Schlachtfeld entfernt eine Woche später entdeckt wurden. Es handelte sich offensichtlich um Flüchtlinge, denen es gelungen war, aus der Schlucht in die Berge zu entkommen, wo sie sich mehrere Tage lang von dem ernährten, was sie fanden. Der Zustand der Leichen deutete darauf hin, daß sie zum Zeitpunkt der Entdeckung erst ein oder zwei Tage lang tot waren. Ob sie von Soldaten oder von Cheyenne-Scouts getötet wurden, war nicht mehr zu ermitteln. Ihre Gesichter waren mit Pulver versengt, was darauf hindeutete, daß ihr Mörder – wer auch immer das war – sie aus nächster Nähe erschoß. An einer anderen Stelle in der Nähe des Schlachtfelds fand man die Leichen von fünf Mädchen, im Alter zwischen neun und neunzehn Jahren. Alle hatten Decken über ihre Gesichter gezogen, augenscheinlich, um den Anblick der Soldaten nicht ertragen zu müssen, während sie näherkamen, um sie zu erschießen. Ein kleiner Junge von neun oder zehn Jahren erzählte eine erschütternde Geschichte, als er verwundet im Hospital lag. Er befand sich in Big Foots Lager, als der Kampf ausbrach, und, Hand in Hand mit einem anderen kleinen Kerl im gleichen Alter, suchte er Deckung in jenem berüchtigten Graben, in dem die schlimmsten Massaker verübt wurden. Sie rannten über einen Hügelkamm, als ein Soldat auf einem weißen Pferd ihre Verfolgung aufnahm. Als der Soldat sie fast erreicht hatte, stieg er vom Pferd, kniete nieder und tötete den Begleiter des Jungen mit einem Kopfschuß. »Danach«, fuhr der Kleine fort, der so Schreckliches hatte mitansehen müssen, »schoß er noch einmal und traf mich ins Bein. Ich fiel nieder, und der Soldat stieg auf sein Pferd und ritt davon.« Solche und ähnliche Vorkommnisse sind schuld an der Bitterkeit, welche die Indianer gegenüber den Soldaten empfinden. Im Gegensatz zu der landläufigen Auffassung rächen die Indianer das Unrecht, das ihnen zugefügt wurde, nicht an anderen Weißen, sondern nur an den tatsächlich Schuldigen.

Das Gefecht am Cheyenne River

»Was den Tod einer Anzahl Indianer auf dieser Seite des Reservats betrifft,« erzählte uns unser Gewährsmann, »hörte ich vor kurzem einen alten Indianer sagen: ›Das waren närrische junge Krieger, die das Reservat verlassen wollten, um Pferde zu stehlen. Sie hatten dort unten nichts verloren, und wenn sie zu Hause geblieben wären, wäre ihnen nichts passiert.‹«

Derselbe Gentleman ist der Ansicht, daß es im Augenblick keinen vernünftigen Grund zu der Annahme gibt, im Frühling werde erneut ein Aufstand losbrechen. Er weist darauf hin, daß die Indianer ihre Aktionen nicht so weit voraus planen, und daß, falls sie doch etwas vorhätten, längst etwas davon nach außen gesickert wäre, denn unter den Indianern werde genausoviel geklatscht wie unter Weißen. Er hält sie für äußerst impulsive Menschen, die sich keine Sorgen um die Zukunft machen. Sollte etwas Unvorhergesehenes passieren, könnte es Ärger geben, und das Reservat müßte unter strenge Aufsicht gestellt werden, um die Lage unter Kontrolle zu behalten. Er äußerte ferner die Ansicht, wenn der richtige Mann an Royers Platz gewesen wäre, hätten die jüngsten Unruhen fast ganz vermieden werden können.

In diesem Zusammenhang ist kaum bekannt, daß die öffentliche Meinung hier in der Gegend dahin tendierte, Royer den Rücken zu stärken. Daß man allgemein wünschte, ihn auf seinem Posten zu belassen, geht aus dem folgenden Brief hervor, der hiermit zum ersten Mal der Öffentlichkeit zugänglich gemacht wird:

Vertraulich!

Rapid City, Süddakota, 5. Dezember 1890

Dr. Royer, Pine Ridge, Süddakota

Dear Sir - Beiliegend ein Interview mit Dr. Gillycuddy über die Lage im Indianergebiet. Seit seiner Rückkehr ist er äußerst mürrischer Stimmung und strebt einen Regierungsposten an. Ich habe Informationen bekommen, daß er Herbert Welch von der Indian Rights Association und dem Innenminister Briefe schreiben will, in denen er die Indianerverwaltung kritisiert und die gegenwärtigen Schwierigkeiten auf die Unerfahrenheit der Agenten zurückführt, die nur durch Protektion auf ihre Posten gelangt seien. Er scheint zu

glauben, daß alles verfügbare Wissen über die Indianer in seiner eigenen Person konzentriert ist; daß seine Dienste unverzichtbar sind und daß die Regierung ihn in dieser Notlage unbedingt braucht. In dieser Hinsicht ist Gillycuddy ein Narr und ein unheilbarer Egoist dazu. Die Republikaner hier am Ort werden seine Anmaßung nicht unterstützen, da er sich ihres Vertrauens nicht wert erwiesen hat, und seine Kritik an der Indianerverwaltung wird nicht das geringste bewirken. Ich habe Senator Moody über seine Einstellung informiert und ihn gebeten, mir Kopien von Gillycuddys Briefen zukommen zu lassen – währenddessen werden wir ihn in den Spalten des »Republican« so behandeln, wie er es verdient.
Ich hielt es für ratsam, Sie zu warnen und Sie zu bitten, mir privat zu schreiben, wenn Gillycuddy sich in die inneren Angelegenheiten der Agentur einmischt. Ich brauche jede Information, und wenn er die obenerwähnten Briefe schreibt, haben wir etwas gegen ihn in der Hand. Wenn ich Ihnen sonst noch irgendwie zu Diensten sein kann, lassen Sie es mich wissen.

Ganz der Ihre, A. J. Simmons

Washington, 21. Februar - Senator Pettegrew erläuterte dem Senat als Mitglied des Ausschusses für Indianerangelegenheiten seinen Zusatzantrag zu dem geplanten Gesetz über die Versorgungslage der Indianer in Süddakota. Der Zusatzantrag sieht vor, daß der Präsident eine dreiköpfige Kommission ernennt, die das Sioux-Reservat besuchen und dort eine verbindliche Übereinkunft mit den Indianern in Rosebud und Pine Ridge schließen soll über den Verlauf der Grenze zwischen beiden Reservaten, so daß die in Pine Ridge wohnhaften Indianer, die ihre Zuteilung in Rosebud beziehen, auch in Pine Ridge registriert werden können und umgekehrt. Der Antrag sieht weiter vor, daß das Kapital und die Zinsen des durch die Gesetze vom 2. März 1889 und 19. Januar 1891 geschaffenen Fonds aufgeteilt und ausgeschüttet werden sollen entsprechend der Zahl der Indianer in beiden Reservaten, die Lebensmittelrationen und Renten beziehen, nachdem die Zugehörigkeit zu dem jeweiligen Reservat zweifelsfrei festgestellt worden ist.

Morgan über die Entwaffnung der Indianer

Washington, 7. März - General Morgan, Bevollmächtigter für Indianerangelegenheiten, ist vom Innenminister gebeten worden, eine Stellungnahme abzugeben zu der vom Gouverneur von Süddakota geforderten Entwaffnung der Indianer in diesem Staat. In seiner Antwort stellt General Morgan fest: »Die Gründe, die für die Entwaffnung der Indianer sprechen, sind gewichtig und einleuchtend: sie sollen davon abgehalten werden, auf den Kriegspfad zu gehen, damit die weißen Siedler in ihrer Nachbarschaft nicht mehr in Angst leben müssen. Wenn ich der Ansicht wäre, daß von einer relevanten Gruppe von Indianern wirklich Gefahr droht, oder daß der sicherste Weg, sie vom Kriegspfad fernzuhalten, darin bestünde, sie zu entwaffnen, würde ich sehr lange zögern, Einwände gegen diese Maßnahme zu erheben. Wenn ich der Ansicht wäre, daß die weißen Siedler von den Indianern ernsthaft bedroht sind und daß die obenerwähnte Maßnahme im Interesse ihrer Sicherheit notwendig ist, hätte ich nicht das geringste dagegen einzuwenden. Aber *meiner* Kenntnis der Lage nach glaube ich nicht, daß ernsthaft die Gefahr eines Indianeraufstands droht. Ich glaube im Gegenteil, daß die meisten Indianer in Frieden leben wollen und gegen Krieg sind. Sie sind intelligent genug, um zu wissen, in welch fürchterlicher Unterlegenheit sie sich im Falle eines Krieges mit den Vereinigten Staaten befinden würden. Sie kennen unsere ausgedehnten Ressourcen und sind sich ihrer eigenen Schwäche bewußt. Darüberhinaus werden die Ursachen zur Unzufriedenheit, die in letzter Zeit auf Seiten der Indianer bestanden, durch die Arbeit des Kongresses endgültig beseitigt, wenn sie nicht schon früher beseitigt worden sind. Die Siedler in der Umgebung des Reservats hatten Angst, und das nicht ohne Grund, aber trotz all der Aufregungen und bitteren Provokationen haben die Indianer keinen Weißen auf seinem Wohnsitz überfallen oder, soviel ich weiß, auch nur in seiner Ruhe gestört. Diejenigen, die feindselige Akte begangen haben, müssen ohne Frage entwaffnet, und ihre Anführer streng bestraft werden. Aber während der jüngsten Unruhen in Dakota hat sich die Mehrheit der Sioux ruhig verhalten, und die Unschuldigen dürfen nicht anstelle der Schuldigen bestraft werden. Keinen Unterschied zu machen

zwischen den Indianern, die sich feindselig verhielten, und denen, die loyal blieben – von denen viele ihre Loyalität teuer bezahlen mußten – hieße, einen Akt der Ungerechtigkeit zu begehen, worauf Indianer genauso empfindlich reagieren wie Weiße. Es wäre ein schwerer Verlust für die Indianer, ihre Waffen einzubüßen, auf deren Besitz sie so stolz sind. Sie brauchen sie für die Jagd, für das Schlachten von Rindern und für sportliche Zwecke.
Ich wage es nur äußerst zögernd, nach reiflicher Überlegung und mit tiefem Bedauern auszusprechen, aber ich fürchte, daß die Indianer – was ihre persönliche Integrität und ihren Besitz betrifft – ohne wirksame Mittel zu ihrer Selbstverteidigung nicht mehr sicher wären.
Die jüngsten traurigen Ereignisse in Süddakota, wo bekanntlich Frauen und kleine Kinder von Soldaten der Armee der Vereinigten Staaten erschossen und andere Indianer grundlos von weißen Bürgern überfallen und ermordet wurden, haben uns gezeigt, wie schutzlos diese bedauernswerten Geschöpfe ohne Waffen und ohne die Möglichkeit der Selbstverteidigung dastehen würden. Die allgemeine Entwaffnung der Indianer würde die große Mehrheit der Sioux in ein Gefühl von erlittenem Unrecht und ohnmächtiger Wut versetzen, welches nicht nur ihre Ruhe und Prosperität bedrohen, sondern genau jene Gefahr heraufbeschwören würde, der durch ihre Entwaffnung vorgebeugt werden soll. Falls man ihnen die Waffen wegnimmt, die sie augenblicklich besitzen, gibt es weder ein Gesetz noch eine moralische Verpflichtung, die sie daran hindern könnte, bei der ersten sich bietenden Gelegenheit von den Weißen in der Umgebung des Reservats Waffen zu kaufen. Um auch in Zukunft Ärger zu vermeiden, scheint es mir das beste, die Indianer fair und gerecht zu behandeln, eine gutdisziplinierte, gutbezahlte Polizeitruppe und eine kleine Garnison von Truppen in ihrer Nähe zu unterhalten, um im Notfall die Ordnung zu garantieren, und Indianer wie Weiße schützen zu können.«

Der galante Oberst, Buffalo Bill, der in den letzten drei Jahren die Fürstenhöfe und die Völker ganz Europas mit seiner Wildwestschau faszinierte, hat seinen Agenten nach Pine Ridge geschickt, um eine hundert Mann starke Indianertruppe für seine nächste Auslandstournee zu engagieren. Alle anderen Impresarios hatten beträchtliche Schwierigkeiten, die Zustimmung der Regierung für die Vorführung von Indianern zu Unterhaltungszwecken zu erwirken, aber anscheinend bekommt Oberst Cody alles, was er will, solange noch genug Indianer da sind.

Chicago, 14. März - Buffalo Bill hat von der Regierung grünes Licht bekommen und wird in ein paar Tagen mit den in Fort Sheridan internierten feindlichen Sioux-Häuptlingen nach Europa aufbrechen. Die Indianer sollen im Rahmen seiner Wildwestschau auftreten.
Dr. C. A. Eastman, ein zivilisierter Ogalala-Sioux, ist gestern aus Pine Ridge zurückgekehrt. In einem Interview mit einer örtlichen Zeitung erklärte er, daß er im indianischen Lager in Pine Ridge gewesen sei und aus gewissen Anzeichen schließe, daß möglicherweise ein neuer Krieg drohe. Unter den Indianern herrsche große Unzufriedenheit. Er persönlich glaube nicht, daß sie zu Verzweiflungstaten neigten, aber die jungen Krieger hielten geheime Zusammenkünfte ab, und selbst ältere Männer sprächen vom Krieg. Die Indianer seien aufgebracht, da sie keinerlei Informationen erhielten über die Behandlung der in Fort Sheridan internierten Häuptlinge und dahinter Verrat witterten.

Lincoln, Nebraska, 9. März - Gerade als die Senatsakte Nr. 158 in der Plenarsitzung aufgerufen wurde, lief die folgende Depesche von Gouverneur Boyd im Senat ein:
»An den ehrenwerten Senat von Nebraska: Mit gebührendem Respekt teile ich der ehrenwerten Versammlung mit, daß Hauptmann Frank B. Baldwin vom 5. Infanterieregiment mich auf Geheiß von General Nelson A. Miles davon in Kenntnis gesetzt hat, daß Bürger aus Nebraska und anderen Staaten zu überhöhten Preisen Waffen und Munition an die Indianer in Pine Ridge und Rosebud verkaufen und daß es kein Staats- oder Bundesgesetz gibt, das derartige Verkäufe untersagt. Ich halte es deshalb für dringend geboten, noch innerhalb der gegenwärtigen Legislaturperiode ein Gesetz zu verabschieden, welches Waffenverkäufe an Indianer inner-

halb der Grenzen von Nebraska zum Verbrechen erklärt und mit strengen Strafen bedroht.

Hochachtungsvoll

Gouverneur James E. Boyd«

Das im Senat eingebrachte Gesetz bezog sich auf das im Schreiben des Gouverneurs angesprochene Thema. Es sah eine Bestrafung für den Verkauf oder die Weitergabe von Waffen oder Munition an Indianer vor, wurde jedoch in dem Sinne abgeändert, daß der Verkauf oder die Abgabe von Waffen und Munition keiner Beschränkung unterliegt, wenn es sich bei den Indianern um Bürger der Vereinigten Staaten handelt. In einem weiteren Änderungsanstrag wurde die Gefängnisstrafe für illegalen Waffenverkauf an Indianer von einem auf fünf Jahre und die vorgesehene Geldstrafe von 100 auf nicht mehr als 1000 Dollar erhöht. Mit diesen Zusätzen passierte das Gesetz den Senat.

Washington, 4. März - Der Ausschuß für Indianerangelegenheiten hat sich auf einen Kompromißbetrag von 100 000 Dollar geeinigt als Entschädigung für die loyalen Sioux-Indianer, deren Eigentum im letzten Krieg zerstört oder beschädigt worden ist.

Ein neuer Indianerkrieg prophezeit

Chicago, 20. März - Dem Herald liegt eine ausführliche Depesche aus Pine Ridge vor, in der es heißt, daß Kenner der Lage einen neuen Indianerkrieg im Frühjahr für unvermeidlich halten. Man hat entdeckt, daß die Sioux in permanenter Verbindung stehen mit den Ute, Arapaho, Cheyenne und anderen Stämmen. Ihre Kuriere sind seit dem Abzug der Truppen aus dem Reservat ständig unterwegs, und die rachedurstigen Häuptlinge der Sioux weisen voller Stolz darauf hin, daß beim Ausbruch erneuter Feindseligkeiten ein halbes Dutzend Stämme gegen die Weißen losschlagen würden. Man hat außerdem festgestellt, daß die Agitation unter den Indianern so weitverbreitet ist, daß sogar die Kriegsgefangenen in Fort Sheridan bei Chicago aufgefordert wurden, sich dem Aufstand anzuschließen.

Sollte im Frühjahr wirklich ein neuer Krieg ausbrechen,

hätte er schreckliche Folgen für Nord- und Süddakota, Wyoming und Nebraska. Anstatt von Unterführern wie Short Bull und Kicking Bear, würden die kampferprobten Sioux von berühmten Häuptlingen wie American Horse, Red Cloud, Two Strike, Big Road und Little Wound befehligt werden, mit möglicher Unterstützung von Young-Man-Afraid-of-His-Horses. Diese Häuptlinge würden die vereinigte Streitmacht von Rosebud und Pine Ridge kommandieren. Obwohl Two Strike, Little Wound, Big Road und Red Cloud keine aggressiven Akte während der letzten Unruhen begangen haben, sind sie von wütendem Haß auf alle Weißen erfüllt und könnten, wenn die Umstände günstig sind und andere Stämme Verstärkung schicken, das Land im Umkreis von vielen Meilen in Feuer und Rauch aufgehen lassen.

Washington, 21. März - Gouverneur Mellette aus Süddakota speiste gestern mehrere Stunden lang mit dem Präsidenten. Der Gouverneur ist ein enger persönlicher Freund des Präsidenten und speist jedesmal im Weißen Haus, wenn er nach Washington kommt. Der Gouverneur ist hier, um mit dem Innenminister und hohen Beamten des Kriegsministeriums den jüngsten Indianeraufstand zu erörtern und Maßnahmen für die Zukunft zu treffen. Er glaubt nicht, daß in der nächsten Zukunft Gefahr droht und nennt die Aussichten für Süddakota besser als je zuvor. Der Boden sei bestens vorbereitet, um reiche Ernte zu tragen, die Wirtschaft des Staates prosperiere, und man erwarte für dieses Jahr eine erhöhte Einwanderungsquote.

26. März 1891 - Die Herren Dahlman und Simmons sind von der Indianerbehörde angewiesen worden, 250 000 Pfund zusätzliche Rindfleischrationen innerhalb der nächsten zehn Tage an die Agentur zu liefern. Die Herren waren die ganze Woche über als Aufkäufer unterwegs, um das bestellte Rindfleisch in ausreichender Menge liefern zu können.

Jury im Prozeß gegen Plenty Horse geteilter Meinung

Sioux Falls, Süddakota, 1. Mai - Die Jury im Prozeß gegen Plenty Horse ging nach zwanzigstündiger Beratung ausein-

ander, ohne ein Urteil gefällt zu haben. Das ist eine Enttäuschung für die Regierungsvertreter, die ein Todesurteil wegen Mordes erwartet hatten. Insgesamt wurde siebzehnmal abgestimmt: in der ersten Abstimmung plädierten sechs Jurymitgieder für Mord und sechs für Totschlag; bei der dritten stand es sieben zu fünf und bei der achten acht zu vier. Alle anderen Abstimmungen endeten genauso.
Einige Jurymitglieder sagten, sie könnten kein Todesurteil fällen, weil das Gericht dem Angeklagten einen Dolmetscher verweigert hätte. Diese Entscheidung wurde vom Gericht damit begründet, daß Plenty Horse fließend englisch spricht und versteht.

Als das Ergebnis bekanntgegeben wurde, zuckte nicht ein Muskel im Gesicht von Plenty Horse; er zeigte genausowenig Freude, wie er während des Prozesses Angst gezeigt hatte. Als ein Reporter ihn fragte, wie er sich fühle, gab Plenty Horse keine Antwort. Sein Vater, Living Bear, reagierte nicht so stoisch. Den ganzen Vormittag lief er im Korridor vor dem Gerichtssaal auf und ab, rang die Hände und fragte den Gerichtsdiener alle paar Minuten, wie die Chancen stünden. Als das Urteil verkündet wurde, bahnte sich der arme Vater, zitternd vor Alter und vor Aufregung, einen Weg durch den überfüllten Gerichtssaal zu Rechtsanwalt Nock, der einen großartigen Kampf um das Leben seines Jungen geführt hatte, und während Tränen über sein bronzenes, runzliges Gesicht rannen, drückte er dem Anwalt die Hand und sagte Herzensworte des Dankes in der Sprache der Sioux.
Der Staatsanwalt beantragte einen neuen Prozeß, der sofort beginnen sollte, aber nach einstündiger Beratung vertagte sich das Gericht bis zum 25. Mai.

Washington, 7. Mai - General Manderson ist eines der führenden Mitglieder des Senatsausschusses, der die Ursachen der jüngsten Unruhen unter den Sioux und anderen Indianerstämmen in Dakota, Nebraska und anderswo untersucht. »Bisher«, sagte er über den Verlauf der Untersuchung, »habe ich noch nichts vom Ausschußvorsitzenden Dawes gehört und weiß nicht, was ich tun soll. Ich vertraue darauf, daß die Untersuchung gründlich sein und Gutes bewirken wird. Es gibt einen Schuldigen, und es muß etwas geschehen. Meiner Meinung nach muß die Situation der Indianer insgesamt umgekrempelt werden. Entweder wir zerschneiden die Stammesbande unter den Indianern und verteilen sie auf zivilisierte Gemeinden, um ihren Zivilisationsprozeß zu beschleunigen, oder wir müssen sie als Asoziale ansehen, die nicht in der Lage sind, sich selbst zu ernähren, zu kriminellen Handlungen neigen und deshalb wie Herdentiere zusammengetrieben und mit Futter versorgt werden müssen, ohne Aussicht auf eine Wendung zum Besseren. Die Indianer können nicht zur gleichen Zeit wild und zivilisiert sein, und sie sollten auf die eine oder andere Weise leben und entsprechend behandelt werden. Ich denke, daß die Einberufung der Indianer zur Armee viel Gutes bewirken wird. Dadurch wird ihr ererbter Hang zum Kriegführen in geregelte Bahnen gelenkt.

Sioux Falls, 26. Mai - Das Wiederaufnahmeverfahren gegen Plenty Horse, den Sioux-Krieger, der des Mordes an Leutnant Casey angeklagt ist, wurde in Anwesenheit einer großen Menge von Zuschauern eröffnet. Der Angeklagte sah blaß aus und ist seit mehreren Wochen bei schlechter Gesundheit. Heute Morgen äußerte er die Hoffnung, freigesprochen zu werden. Der ganze Tag wurde durch die Auswahl der Jury in Anspruch genommen, wobei 75 Kandidaten geprüft werden mußten, ob sie Vorurteile gegen den Angeklagten persönlich oder die Indianer als Rasse hegten. Die komplette Jury besteht aus acht Farmern, einem Eisenwarenhändler, einem Versicherungsagenten, einem Sattlermeister und einem Drogisten. Die Verteidigung machte neuentdeckte Beweismittel geltend, die dem Fall zusätzliches Interesse und Aufsehen verleihen werden. Es wurden mehr Zeugen vereidigt als beim letztenmal, unter ihnen auch American Horse, der mutigste Vorkämpfer der Zivilisation unter den Indianern heute. Er wird zur Frage des damals herrschenden Kriegszustandes aussagen, und da er zwischen den streitenden Parteien in Pine Ridge vermittelte, kann er dem Prozeß eine unerwartete Wendung geben.

Wieder ein freier Indianer

Sioux Falls, 29. Mai - Plenty Horse ist ein freier Mann und kehrt heute in sein Reservat zurück, voller Stolz auf seine Heldentat, Leutnant Casey, einen der tapfersten Offiziere der Armee der Vereinigten Staaten, hinterrücks ermordet zu haben.

Am letzten Tag des Prozesses überstürzten sich die Ereignisse. Die Verteidigung erregte den Unwillen des Gerichts, als sie begründete, warum Living Bear, der Vater von Plenty Horse, nicht im Gerichtssaal erschienen ist, obwohl ein richterlicher Haftbefehl gegen ihn vorliegt. Anscheinend war der mit seiner Verhaftung beauftragte Sheriff Sand im Getriebe der Justizmaschine, indem er zwei Tage lang tatenlos in Sioux City herumlungerte. Das Gericht ordnete eine strenge Überprüfung des Sachverhalts an. Die nächste Hiobsbotschaft war der Selbstmordversuch von White Moon, einem Cheyenne-Indianer und Kronzeugen der Anklage. White Moon befand sich in Begleitung von Leutnant Casey, als Plenty Horse den tödlichen Schuß abgab, aber die Verteidigung führte neue Zeugen an, um White Moons Glaubwürdigkeit zu erschüttern. Jemand erklärte dem Cheyenne-Indianer die Folgen eines Meineids, und er brütete lange über der Sache, bis er plötzlich ein Klappmesser zückte und es sich auf der linken Seite in den Hals stieß. Als er abtransportiert wurde, steckte die zehn Zentimeter lange Klinge noch immer in der Wunde. Ein Arzt wurde hinzugezogen, und White Moon ist wieder auf dem Wege der Besserung.

Richter Shiras erläuterte den Jurymitgliedern die Anklage und empfahl ihnen, »nicht schuldig« zu plädieren. Er wies darauf hin, daß Richter Edgerton nicht mit ihm einer Meinung sei, aber daß seine Empfehlung nichtsdestoweniger im Namen des Gerichts erfolge. Die Verlesung der Anklage dauerte sehr lange. Richter Shiras erklärte, daß zum Zeitpunkt von Caseys Tod seiner Meinung nach Kriegszustand herrschte. Nachdem sich das Gericht vertagt hatte, wurde Plenty Horse von älteren Damen und anderen Schaulustigen umlagert, die ihn minutenlang beglückwünschten; danach führte Staatsanwalt Powers mit hochrotem Gesicht den noch immer schweigenden und keine Regung zeigenden Angeklagten in sein Hotel, wo er stundenlang Autogramme gab. Die Aussage von Hauptmann Baldwin, Adjutant von General Miles, trug entscheidend zur Anerkennung des Kriegszustandes durch das Gericht bei. Er legte eine Menge offizieller Dokumente über die Umstände zur Zeit von Caseys Tod vor, und obwohl sie vom Gericht nicht als Beweismittel anerkannt wurden, bestätigte Hauptmann Baldwin in seiner Zeugenaussage diese Einschätzung.

Eine militärische Beurteilung der Verteidigung von Plenty Horse

Chicago, 30. Mai - Eine Anfrage im Armeehauptquartier zum Prozeß gegen Plenty Horse wegen der Tötung von Leutnant Casey wurde folgendermaßen beantwortet:
»Tatsache ist, daß wir im Zeitraum Ende Dezember/Anfang Januar, während die Feindseligkeiten noch andauerten, den Gegner ständig darüber informierten, daß der Weg zum Frieden einzig in der Rückkehr ins Reservat und der Kapitulation lag. Die Truppen erhielten den Befehl, die Indianer von allen Seiten unter Druck zu setzen und in ihre Reservate abzudrängen. Leutnant Casey war keineswegs ein Spion, obwohl in einem Krieg zwischen zivilisierten Völkern seine Gefangennahme vielleicht gerechtfertigt gewesen wäre. Er befand sich nicht im feindlichen Lager und war auch nicht getarnt oder verkleidet. Er trug die Uniform eines Offiziers der Armee der Vereinigten Staaten bei der Ausübung seiner Pflichten. Er sollte das Gelände rekognoszieren sowie Teile des gegnerischen Lagers erkunden und wurde von einem feindlichen Indianer getötet. In einem Krieg zwischen zivilisierten Nationen wäre die Art und Weise seiner Ermordnung wahrscheinlich Gegenstand einer militärischen Untersuchung gewesen. Der für seinen Tod verantwortliche Indianer wurde auf Befehl von General Miles verhaftet, lange bevor er von einem zivilen Gericht verurteilt wurde oder bevor ein Sheriff oder U.S.-Marshall es wagen konnte, das Kampfgebiet mit seinen Beamten zu betreten. Er wurde nach Fort Meade gebracht und dort von einer militärischen Eskorte bewacht, um vor Gericht die wichtige Frage klären zu lassen, ob er das Recht hatte, Leutnant Casey zu töten oder nicht.

Zu dieser Zeit wurde er nicht mehr auf Befehl von General Miles festgehalten, sondern auf Weisung aus Washington. Die Hauptfrage, die das Gericht zu entscheiden hatte, lautet erstens, ob die Indianer aufgrund der Hungersnot und der gebrochenen Verträge das Recht hatten, Krieg gegen die Vereinigten Staaten zu führen. Zweitens: ob sie aufgrund des damals herrschenden Kriegszustandes das Recht hatten, einen Offizier in Ausübung seiner Pflicht zu töten, und deshalb Immunität vor Gericht genießen. Die Anklage im Prozeß gegen Plenty Horse bat uns um Aufklärung über die Lage zum damaligen Zeitpunkt und erhielt alle nur möglichen Informationen, über die die Armee verfügte. Die Verteidigung bat uns ebenfalls um Informationen und erhielt sie in gleicher Weise, so daß die ganze Angelegenheit nun dem Richter und seinen Geschworenen vorliegt, die dem Gesetz Respekt verschaffen und allen Beteiligten Gerechtigkeit widerfahren lassen sollen.
Zwischen General Miles und dem ermordeten Offizier bestand eine innige Freundschaft; General Miles bot ihm einmal einen Posten in seinem Stab an, den Leutnant Casey jedoch aus Gründen, die der General verstand und respektierte, nicht annahm.«

Die Sioux-Kommission

Washington, 28. Mai - Der gegenwärtig in Washington weilende Senator Pettegrew aus Süddakota ist vom Ausschußvorsitzenden Dawes darüber informiert worden, daß der Senatsausschuß zur Untersuchung der Ursachen des jüngsten Sioux-Aufstands in Süddakota und Nebraska am 6. Juli in Chicago zusammentritt, um von dort zum Kriegsschauplatz zu reisen und an Ort und Stelle eine gründliche Untersuchung durchzuführen. Man nimmt an, daß der Ausschuß vorschlagen wird, alle Indianer im Reservat zu entwaffnen, aufrührerische Reden zu verbieten und das Land der Indianer in Privatparzellen aufzuteilen.

Anhang: Die Schlacht von Wounded Knee aus indianischer Sicht

Drei Augenzeugenberichte

1. Indianerkonferenz in Washington

Turning Hawk (Reverend Cook, Dolmetscher): Herr Bevollmächtigter, ich bin hergekommen, um Ihnen alles zu erzählen, was mir über die Vorgänge in Pine Ridge zu Ohren gekommen ist. Eine gewisse Falscheit, die wie ein Feuer unter den Indianern um sich griff, kam vom Westen her in unser Reservat, und als dieses Feuer mein Volk ergriff, standen die Weitsichtigsten von uns auf, um dagegen zu kämpfen. Der Grund, warum wir eine feindselige Haltung gegen dieses Feuer einnahmen, war der, daß wir wußten, daß Sie selbst dieses Feuer nicht mochten und daß die Behörden dagegen voreingenommen waren. Obwohl unsere Freunde aus dem Osten uns vor dem Feuer gewarnt hatten, gab es unter uns törichte junge Männer, die sich danach sehnten, an der neuen Bewegung teilzunehmen; sie dachten sich nichts dabei, und wußten nicht, ob die neue Bewegung gut, oder ob sie schlecht war.

Im Lauf der Zeit hörten wir, daß Truppen zu uns in Marsch gesetzt worden waren. Nach einiger Zeit erreichten die Soldaten unser Reservat, und andere Soldaten erreichten das Reservat unserer Brüder in Rosebud. Immer wenn eine große Ansammlung von Soldaten in eine bestimmte Richtung marschiert, verbreiten sie Angst und Schrecken um sich her, und es ist nur natürlich, daß Frauen und Kinder Angst bekommen und weglaufen. Zuerst dachten wir, Pine Ridge und Rosebud seine die einzigen Reservate, in die Soldaten

Sioux-Delegation in Washington um 1870; von links nach rechts: Sitting Bull, Swift Bear, Spotted Tail, Red Cloud; in der hinteren Reihe Dolmetscher

einmarschiert wären, aber später erfuhren wir, daß es den übrigen Reservaten ähnlich ergangen war. Wir hörten und sahen, wie etwa die Hälfte unserer Brüder aus Rosebud aus Furcht vor den Soldaten in unser Reservat (Pine Ridge) zu fliehen begann, und als sie dort angelangt waren, erfuhren sie, daß in unserem Reservat eine noch größere Zahl von Soldaten auf sie wartete, und eine Menge falscher Gerüchte schwirrte hin und her. Ich denke dabei besonders an ein Gerücht, nämlich daß die Soldaten den Auftrag hätten, alle Indianer zu entwaffnen und alle ihre Pferde zu stehlen.

Diese Geschichte wurde so oft erzählt, daß unsere Brüder aus Rosebud, anstatt in ihr Reservat zurückzukehren, in die Badlands flohen. Wir wußten nicht genau, wieviel Leute es

waren, aber sie hatten 300 Tipis, also etwa 1700 Personen. Eagle Pipe, Turning Bear, High Hawk, Short Bull, Lance, No Flesh, Pine Bird, Crow Dog, Two Strike und White Horse waren ihre Anführer.
Nachdem unsere Brüder in diese Richtung geflohen waren, machten wir uns Sorge um Ruhe und Ordnung in der Agentur und versuchten, unseren Einfluß auf sie geltend zu machen, weil wir den Frieden liebten und weil viele dieser Leute unsere Blutsverwandten waren. Wir schickten Friedensboten zu ihnen. So gut gewählt waren die Worte der Boten aus Pine Ridge, daß sie die Hälfte unserer Brüder überreden konnten, in die Agentur zurückzukehren.
Young-Man-Afraid-of-his-Horses, Little Wound, Fast Thunder, Louis Shangreau, John Grass, Jack Red Cloud und ich gehörten zu den Friedensstiftern. Die übrigen Flüchtlinge aus Rosebud zogen sich noch tiefer in die Wildnis der Badlands zurück. Da wir schon einmal Erfolg gehabt hatten, schickten wir noch einmal Boten zu ihnen, und es gelang uns, auch die restlichen Indianer aus der Tiefe der Badlands zum Rückzug in die Agentur zu bewegen. Als wir noch eine Tagesreise von der Agentur entfernt waren, hörten wir, daß sich eine bestimmte Gruppe von Indianern (Big Foots Bande) aus dem Cheyenne River Reservat auf der Flucht nach Pine Ridge befinde.
CAPTAIN SWORD: Diejenigen, die aus dem Cheyenne River Reservat ausgebrochen waren, zählten ungefähr 300; außerdem waren noch Leute aus Standing Rock bei ihnen, deren genaue Zahl ich nicht kenne. Es gab auch eine Gruppe Ogalalas, alte Männer und Schuljungen, die sich auf dem Heimweg Big Foots Bande angeschlossen hatten; einer der Jungen, der in der Schlacht schwer verwundet wurde, besuchte die Ogalala-Schule in Pine Ridge. Er befand sich nicht auf dem Kriegspfad, sondern auf dem Rückweg in die Agentur, nachdem er den Sommer bei seinen Verwandten am Cheyenne River verbracht hatte.
TURNING HAWK: Als wir hörten, daß diese Leute sich der Agentur näherten, erzählte man uns Folgendes: Noch bevor sie die Agentur erreicht hatten, wurden sie von Soldaten umzingelt und zum Wounded Knee Creek gebracht, wo die Soldaten ihnen ihre Gewehre abnahmen. Nachdem sie die

Gewehre abgegeben hatten, sollten die Männer von ihren Familien und ihren Tipis getrennt und an einen anderen Ort gebracht werden. Während dies geschah, die Gewehre eingesammelt und die Männer von ihren Familien getrennt wurden, sprang ein verrückter junger Mann, der in schlechtem Ruf stand und eigentlich ein Niemand war, inmitten der Indianer auf und feuerte sein Gewehr ab. Durch diesen Schuß scheint er irgendeine militärische Vorschrift mißachtet zu haben, denn die Soldaten erwiderten auf der Stelle das Feuer und ein allgemeines Massaker begann.

SPOTTED HORSE: Der Schuß tötete einen Armeeoffizier. Ich war als freiwilliger Scout bei diesem Treffen und sah genau, was geschah: der erste Schuß tötete einen Offizier. Sobald der Schuß gefallen war, zogen die Indianer ihre Messer; sie wurden von allen Seiten aufgefordert, keinen Widerstand zu leisten, aber niemand gehorchte. Daraufhin eröffneten die Soldaten das Feuer.

TURNING HAWK: Alle Männer, die im Gedränge standen, wurden auf der Stelle getötet, und diejenigen, die den Kugelhagel überlebten, flohen in die Schlucht, wo die Soldaten von zwei Seiten ihre Verfolgung aufnahmen und sie niederschossen, wie die Lage der Leichen später zeigte. Die Frauen standen an einem anderen Ort zusammengedrängt, als das Gewehrfeuer begann, und während die Männer in der Schlucht Schutz suchten, liefen sie aufs offene Feld hinaus, wo sie dasselbe Schicksal ereilte wie die Männer in der Schlucht.

AMERICAN HORSE: Die Männer wurden, wie gesagt, von den Frauen getrennt und von Soldaten umzingelt. Daneben lag das Camp der Indianer, das ebenfalls von Soldaten umzingelt worden war. Als die Schießerei begann, wurden diejenigen, die in der Nähe des jungen Mannes gestanden hatten, der den ersten Schuß abgab, auch als erste getötet, und dann richteten die Soldaten ihre Gewehre und Maschinengewehre auf die Frauen, die mit einer Waffenstillstandsfahne vor ihren Tipis standen. Sobald die ersten Schüsse fielen, flohen sie, die Männer in die eine, die Frauen in zwei andere Richtungen. Sie liefen also in drei verschiedene Richtungen. Eine Frau mit einem kleinen Kind auf dem Arm wurde erschossen, während sie die Waffenstillstandsfahne berührte, und die übrigen Frauen und Kinder wurden durch das ganze Dorf zerstreut. Gleich neben der weißen Fahne wurde eine Mutter mit einem Baby im Arm erschossen; da das Baby nicht wußte, daß seine Mutter tot war, versuchte es weiter zu trinken, und das war ein besonders trauriger Anblick. Die Frauen, die mit ihren Kindern zu fliehen versuchten, wurden auf der Flucht erschossen, und schwangere Frauen wurden ebenfalls niedergeschossen. Alle Indianer flohen in drei verschiedene Richtungen, und nachdem die meisten von ihnen getötet worden waren, riefen die Soldaten, alle, die noch nicht tot oder verwundet seien, sollten hervorkommen; ihnen werde nichts geschehen. Kleine Jungen, die nicht verletzt worden waren, verließen ihre Zufluchtsorte, und sobald sie in Sicht kamen, wurden sie von Soldaten umringt und massakriert.

Wir alle haben bittere Gefühle wegen dieser Angelegenheit. Ich stand treu zur Regierung in all diesen unruhigen Tagen, und da ich mich immer loyal verhalten hatte, war meine Enttäuschung besonders groß, und ich bin nach Washington gekommen mit Groll im Herzen. Es wäre berechtigt gewesen, die Männer zu töten; wir hätten dafür sogar fast dankbar sein müssen. Aber die Tatsache, daß soviele Frauen und Kinder getötet wurden, Jungen und Mädchen, die die Zukunft des indianischen Volkes verkörpern, ist das Traurigste an dieser Angelegenheit, und wir haben bittere Gefühle deswegen.

Ich war nicht auf dem Schlachtfeld, als die Toten begraben wurden, aber ich ging später hin zusammen mit ein paar Indianerpolizisten und einem Arzt, und wir sahen, wo die Leichen gelegen hatten; überall waren Blutspuren.

TURNING HAWK: Ich war gerade dabei, zu erzählen, wie die Frauen getötet wurden. Wir haben von dem Massaker an den Frauen und kleinen Kindern gehört, die genauso brutal abgeschlachtet wurden wie erwachsene Männer und Jugendliche.

Natürlich hat diese Angelegenheit Bitterkeit über unser ganzes Volk gebracht; besonders aber über all jene, die loyal zur Regierung standen und alles in ihrer Kraft Stehende taten, um den Frieden zu erhalten. Sie tragen am meisten Groll und Bitterkeit in ihren Herzen. Die Friedensstifter taten ihr

Bestes, aber es gab eine Menge unruhiger junger Leute, die sich von den Ereignissen mitreißen ließen und eine feindselige Haltung einnahmen. Die jungen Leute bewaffneten sich und zogen in die Nähe des Schlachtfeldes, um ihren bedrängten Brüdern zu helfen. Sie wechselten Schüsse mit den Soldaten. Diese Gruppe bestand aus jungen Leuten aus Rosebud, Ogalala (Pine Ridge) und anderen Agenturen, die zufällig in der Nähe waren. Während das in der Umgebung von Wounded Knee geschah – der Schußwechsel mit den Soldaten – griffen andere Indianer die Agentur an. So ging es weiter bis zum Abend, dann zogen sich die Angreifer an den White Clay Creek zurück. Während einige Indianer von den umliegenden Hügeln aus auf die Agentur schossen, erwiderte die Indianerpolizei, die die Gebäude bewachte, das Feuer.
Obwohl Krieg in der Luft lag, waren die Friedensstifter unermüdlich an der Arbeit. Young-Man-Afraid-of-His-Horses, der ein Reservat im Nordwesten besucht hatte, kam zurück und begab sich sofort zu den Leuten, die am White Clay Creek lagerten, an der Grenze zu den Badlands, um seine Stammesgenossen in die Agentur zurückzuführen. So wurde der restliche Teil der Indianer, die von Rosebud aufgebrochen waren und sich in den Badlands verschanzt hatten, in die Agentur zurückgebracht. Herr Bevollmächtigter, während dort draußen der Schneesturm tobte, versuchten diese guten Leute mit all ihren Kräften, den Frieden zu erhalten. Wir wissen heute, daß der Frieden den Sieg davongetragen hat. Während wir damit beschäftigt waren, Frieden zu stiften, mußten wir unseren Besitz zurücklassen, und wir haben fast alles verloren, sogar unsere Jagdgewehre, um Enten und Hasen zu schießen, Schrotflinten und dergleichen. Als Young-Man-Afraid-of-His-Horses seine Leute in die Agentur zurückführte, mußten alle ihre Waffen abgeben, diejenigen, die Feinde genannt wurden, und diejenigen, die der Regierung die Treue gehalten hatten, ohne Unterschied.

(Auszug aus der stenografischen Niederschrift der Konferenz des Indianerbevollmächtigten mit der Sioux-Delegation, Washington, 11. Februar 1891).

2. Black Elk erzählt:

An jenem Abend, bevor das geschah, ging ich nach Pine Ridge. Dort hörte ich von diesen Dingen, und während ich dort war, brachen die Soldaten nach dem Ort auf, wo die Groß-Fuß-Leute lagerten. Als ich den Aufbruch sah, da fühlte ich, daß sich etwas Schlimmes vorbereite. Ich konnte in dieser Nacht kaum schlafen und ging fast die ganze Zeit herum.

Am Morgen trat ich hinaus, um nach meinen Pferden zu sehen, und als ich draußen war, hörte ich im Osten Schüsse. Dem Tone nach wußte ich, daß dies Wagen-Gewehre (Kanonen) sein mußten, die man abfeuerte. Der Schall ging

Black Elk, 1947

mir durch Mark und Bein, und ich hatte die Empfindung, daß Furchtbares geschehen werde.
Als ich mit den Pferden im Lager anlangte, ritt ein Mann auf mich zu und schrie: »Hey-hey-hey! Auf die Leute, die kommen, wird geschossen! Ich weiß es!«
Ich sattelte meinen Rehbraunen und zog mein heiliges Hemd an. Es war eines, das ich nur für mich gemacht hatte und das kein anderer tragen sollte. Auf seinem Rücken war ein gefleckter Adler mit ausgebreiteten Schwingen gemalt, auf der linken Schulter ein Morgenstern, weil, wenn wir uns gegen Süden kehrten, diese Schulter gegen Osten weist. Über die Brust, von der linken Schulter zur rechten Hüfte, zog sich der flammende Regenbogen; ein anderer Regenbogen, mit einem Stern zuunterst, zog sich wie ein Halsband um den Hals. Auf jeder Schulter, jedem Ellbogen und Gelenk stand eine Adlerfeder; und über dem ganzen Hemd waren zackig rote Streifen, wie Blitze, zu sehen. Ihr seht, all das kam aus meinem großen Gesicht, und ihr werdet erfahren, wie es mich an jenem Tage beschützte.
Mein Antlitz bemalte ich rot, und in mein Haar steckte ich eine einzige Adlerfeder für den Allerhöchsten.
Ich brauchte nicht lange Zeit, um mich bereit zu machen, denn beständig konnte ich drüben das Schießen hören. Nun ritt ich allein auf der alten Straße, die über den Hügel nach Wounded Knee führte. Ich hatte kein Gewehr und führte einzig den heiligen Bogen des Westens mit mir, den ich in meinem großen Gesicht gesehen. Ich war noch nicht weit gekommen, als eine Bande von jungen Leuten mir nachgaloppierte. Die ersten, die mich erreichten, waren Liebt Krieg (Loves War) und Eiserner Uaschitschun (Iron Wasichu). Ich fragte sie, was sie beabsichtigten, und sie sagten, sie wollten nachsehen, was dort geschossen werde. Nun kamen noch andere nach, auch ein paar ältere Männer.
Wir ritten rasch und waren jetzt wohl unser zwanzig. Das Schießen tönte lauter. Ein Reiter kam von dort drüben in strengem Galopp auf uns zu und sagte: »Hey-hey-hey! Sie haben sie gemordet!« Dann peitschte er sein Pferd und ritt in noch größerer Eile gen Pine Ridge.
Nach kurzer Zeit waren wir auf der Höhe des Hügelkamms angelangt, von wo man, nach Osten blickend, zum erstenmal

das Denkmal erblicken kann und den Begräbnisplatz auf dem kleinen Hügel, wo die Kirche steht. Von dort hat das Schreckliche seinen Ausgang genommen. Gerade südlich von dem Begräbnisgrund auf dem kleinen Hügel zieht sich in starken Krümmungen eine tiefe wasserlose Schlucht ostwärts und westwärts, und westlich steigt sie beinahe bis zur Höhe des Hügelkammes an, auf der wir uns befanden. Sie trug keinen Namen, doch die Uaschitschun nennen sie nun zuweilen Battle Creek. Wir hielten auf dem Hügelkamm, nicht weit von der Höhe der Schlucht. Noch immer schossen Wagen-Gewehre dort auf dem kleinen Hügel drüben, und später fielen die Geschosse dem Rand der Schlucht entlang. Viele Schüsse fielen dort unten, man hörte viel Geschrei, und wir konnten auf den Hügeln uns gegenüber berittene Soldaten sehen. Diese ritten der Schlucht entlang und schossen hinein, wo sich Frauen und Kinder in den Einbuchtungen und hinter verkümmerten Kiefern zu bergen suchten.

Nicht gar weit von uns entfernt, gerade unterhalb der Höhe der Schlucht, hatten sich ein paar Frauen und Kinder unter einem Lehmhügel zusammengedrängt. Ein paar Kavalleristen hielten die Gewehre auf sie gerichtet.

Wir zogen uns auf dem Hügelkamm ein wenig zurück, und ich sagte zu den andern: »Seid mutig. Diese sind unsere Verwandten. Wir wollen versuchen, sie zu befreien.« Dann sangen wir ein Lied, das lautete:

»Ein Donnerwesen-Volk bin ich, hab ich gesagt.
Ein Donnerwesen-Volk bin ich, hab ich gesagt.
Du sollst leben.
Du sollst leben.
Du sollst leben.
Du sollst leben.«

Dann ritt ich über den Hügelkamm nach vorn und die andern folgten mir, und wir riefen: »Faßt Mut! Es ist Zeit zum Kampf!« Die Soldaten, die unsere Verwandten bewacht hatten, schossen auf uns und machten sich dann eilig davon, auch einige Kavalleristen auf der andern Seite der Schlucht taten das gleiche. Wir hatten unsere Verwandten befreit und schickten sie über den Hügelkamm nach Nordwesten, wo sie sich in Sicherheit bringen konnten.

Ich hatte kein Gewehr, und als wir vorstürmten, hielt ich nur

in der rechten Hand den heiligen Bogen vor mich hin. Keine von den Kugeln traf uns.
Wir sahen ein kleines Kindchen ganz allein in der Nähe des obern Endes der Schlucht. Ich konnte es jetzt nicht mitnehmen, doch holte ich es später, und einige von meinen Leuten nahmen es bei sich auf. Jetzt wickelte ich es nur etwas besser in den Schal, in den es gehüllt war, und ließ es dort liegen. Es war ein sicherer Ort, und ich hatte jetzt noch anderes zu tun. Die Soldaten waren ostwärts über die Hügel geeilt, wo noch andere Soldaten sie erwarteten. Sie waren von den Pferden abgestiegen und lagen auf der Erde. Ich hieß meine Leute zurückbleiben und stieß gegen die Soldaten vor, den heiligen Bogen in der rechten Hand gegen sie hingestreckt. Sie alle schossen auf mich, und ich konnte die Kugeln um mich pfeifen hören, doch trieb ich mein Pferd ganz dicht an sie heran und schwenkte erst dann zur Seite. Ein paar Soldaten jenseits der Schlucht fingen an, auf mich zu schießen, aber ich gelangte unverletzt zu meinen Leuten zurück. Mittlerweile waren noch viele andere Lakotas, die das Schießen gehört, von Pine Ridge hergekommen, und jetzt griffen wir vereint die Soldaten an. Sie flohen ostwärts, worauf der erste große Schrecken begann. Wir eilten der Schlucht entlang hinab, doch was wir sahen, war furchtbar. Tote und verwundete Frauen, Kinder und Säuglinge lagen überall auf dem Weg, auf dem sie sich hatten retten wollen. Die Soldaten hatten sie, als sie die Schlucht hinabliefen, verfolgt und dort ermordet. Zuweilen lagen sie in Haufen, da sie sich zusammengedrängt hatten, und überall lagen andere einzeln herum. Da und dort, wo die Wagen-Gewehre hingezielt hatten, lagen getötete und in Stücke gerissene Menschen in Haufen. Ich sah ein kleines Kind, das an seiner Mutter zu saugen versuchte, doch die Mutter war blutüberströmt und tot.
An einem Orte dieser Schlacht befanden sich zwei kleine Knaben. Sie hielten Gewehre und hatten ganz von sich aus Soldaten umgebracht. Wir sahen die Soldaten, die sie getötet hatten. Die Knaben saßen dort ganz allein und unverletzt. Das waren sehr tapfere kleine Jungen.
Als wir die Soldaten zurückgedrängt hatten, gruben sie sich in die Erde ein, und nun waren wir nicht Leute genug, sie von dort zu vertreiben. Am Abend zogen sie nach Wounded

Knee Creek hinauf, und nun sahen wir erst alles, was sie angerichtet.
Männer und Frauen und Kinder lagen in Haufen oder einzeln auf der Erde am Fuße des kleinen Hügels, wo die Soldaten ihre Wagen-Gewehre aufgestellt hatten. Aber gegen Westen hin, die Schlucht hinan bis zu dem Hügelkamm, lagen tote Frauen und Kinder und Säuglinge zerstreut.
Als ich dies sah, da wünschte ich, ich wäre auch gestorben, doch bedauerte ich die Frauen und Kinder nicht. Es war für sie besser, in der andern Welt glücklich zu sein, und ich hätte dort sein mögen. Doch ehe ich dorthin ging, wollte ich Rache üben. Ich dachte, ein Tag werde kommen, da würden wir unsere Rache nehmen.
Nachdem die Soldaten abgezogen, vernahm ich von meinem Freund, Hunde-Häuptling (Dog Chief), wie das Unheil sich zugetragen hatte. Er war gerade dort bei Gelbem Vogel (Yellow Bird) gewesen, als es geschah. Und so begab sich's: Am Morgen fingen die Soldaten damit an, den Groß-Fuß-Leuten, die auf der Ebene unterhalb des kleinen Hügels ihr Lager besaßen – dort wo jetzt der Begräbnisplatz ist und das Denkmal steht –, alle ihre Flinten wegzunehmen. Die Leute hatten fast alle ihre Gewehre und selbst ihre Messer nahe bei dem Tipi, in welchem Großer Fuß krank lag, aufgestellt und zusammengebracht. Soldaten waren oben auf dem kleinen Hügel und ringsherum und Soldaten jenseits der Schlucht im Süden und auch östlich längs dem Wounded Knee Creek. Unsere Leute sahen sich nahezu umzingelt, und die Wagen-Gewehre waren auf sie gerichtet.
Einige hatten ihre Flinten noch nicht abgegeben, darum durchsuchten die Soldaten die Tipis, warfen alles durcheinander und schnüffelten in alles hinein. Da war ein Mann namens Gelber Vogel (Yellow Bird). Dieser und ein anderer Mann standen vor dem Tipi, darin Großer Fuß krank lag. Sie waren ganz weiß vermummt, mit Löchern für die Augen, und unter den Tüchern hatten sie Gewehre. Ein Offizier kam, um sie zu durchsuchen. Er nahm des einen Mannes Gewehr und schickte sich darauf an, auch Gelbem Vogel seines abzunehmen. Doch Gelber Vogel wollte dieses nicht loslassen. Er rang mit dem Offizier, und während dieses Kampfes ging das Gewehr los und tötete den Offizier. Uaschitschun und ein

paar andere haben gesagt, er habe dies absichtlich getan, doch Hunde-Häuptling, der dabeigestanden, sagte mir, dem sei nicht so gewesen. Sowie der Schuß gefallen, habe ein Offizier geschossen und Großen Fuß getötet, der im Innern des Tipi krank lag.

Und dann plötzlich, niemand weiß recht, wie es kam, schossen alle Soldaten, und die Wagen-Gewehre begannen auf unsere Leute zu feuern.

Viele wurden dort auf der Stelle getötet. Die Frauen und Kinder rannten westwärts zu der Schlucht hinaus, wobei fortwährend einzelne hinfielen, denn die Soldaten schossen auf sie, als sie liefen. Wir hatten kaum etwa hundert Krieger; und da waren nahezu fünfhundert Soldaten. Die Krieger eilten zu der Stelle, wo sie ihre Gewehre und Messer zusammengebracht hatten und kämpften mit bloßen Händen gegen Soldaten, bis sie sich der Gewehre bemächtigt hatten. Hunde-Häiptling sah, wie Gelber Vogel mit seiner Flinte in ein Tipi lief und von dort aus Soldaten tötete, bis das Tipi Feuer fing und er von Kugeln durchbohrt fiel.

Es war ein schöner Wintertag, als das geschah. Die Sonne schien. Als die Soldaten ihr schmutziges Werk verrichtet hatten, fiel dichter Schnee. In der Nacht erhob sich der Wind. Es fegte ein heftiger Schneesturm, und es wurde sehr kalt. Der Schnee trieb tief hinein in die gekrümmte Schlucht; die war ein einziges langes Grab hingemetzelter Frauen und Kinder und Säuglinge, die niemandem etwas angetan und bloß versucht hatten, sich zu retten.

(Aus: Schwarzer Hirsch. Ich rufe mein Volk [Black Elk speaks], aufgezeichnet von John Neihardt, München 1962, S. 169-173)

3. Short Bulls Vision

Wer hätte geglaubt, daß der Tanz so großes Unglück über mein Volk bringen würde? Wir wollten keine Unruhe stiften, und wir haben auch keinerlei Unruhe gestiftet. Es gab Ärger, aber das war nicht unsere Schuld. Wir dachten nicht an Krieg; wenn wir hätten kämpfen wollen, würden wir Waffen getragen haben. Wir gingen unbewaffnet zum Tanz. Wie hätten wir dabei Waffen halten sollen? Wir tanzten im Kreis herum, Hand in Hand, die Finger verschränkt mit denen des Nebenmannes.

Wer hätte geglaubt, daß der Tanz soviel Unheil heraufbeschwören könnte? Die Botschaft, die ich brachte, hieß Frieden. Der Große Vater hatte diese Botschaft an alle Stämme geschickt. Und das geschah so: Ich fuhr in das Land, wo die Sonne untergeht, und von dort ins Land der Geister,

Short Bull

wo ich das Dorf der Geister erblickte. Ich kam näher und blieb stehen vor einem Geistertipi. Ein Medizinmann trat aus dem Tipi und stellte sich neben mich. Er sprach mich an und sagte:
»Gib acht, ich werde dir etwas Heiliges geben!“ Dann fragte er mich, woher ich käme, und ich antwortete ihm: »Ich komme aus Rosebud.« Dann sagte der Medizinmann: »Wir werden zusammen in einer Wolke zum Großen Vater aufsteigen.«
In einer Wolke flogen wir zu einem anderen Dorf, und dort sahen wir Menschen, die mit Decken aus Kaninchenfell bekleidet waren. Während wir durch das Dorf schritten, trat ein Mann mit seiner Frau auf uns zu. Dieser Mann vom Kaninchenfellvolk sagte:
»Ich möchte zu euch sprechen. Hört gut zu, denn was ich euch sage, sollt ihr weitergeben an alle Menschen. Bringt diesen Tanz zu allen Stämmen der Indianer. Weiße und Indianer sollen zusammen tanzen. Aber vorher müssen sie singen. Es darf keinen Krieg mehr geben. Kein Mensch darf einen anderen töten. Wo jemand getötet wird, ist dies eine schwere Sünde. Niemand darf lügen. Liebet euch. Helft einander. Verachtet eure Mitmenschen nicht. Hört mir gut zu, denn ich gebe euch Wasser zu trinken. Deshalb habe ich euch zu mir gerufen. Habt ihr meine Botschaft verstanden?“
So sprach der Mann vom Kaninchenfellvolk, und er gab mir heilige rote Farbe. Im Dorf der Geister hatte ich viele Verstorbene erblickt, und auf der Heimreise begleiteten mich zwei Geisterwesen, unsichtbar für alle außer mir. Sie begleiteten mich und blieben bei mir. Ich hörte ihren Rat.
Allein in meinem Tipi hatte ich Träume, sah Visionen und redete mit den Geistern der Verstorbenen. Und ich zog aus und lehrte mein Volk und erzählte ihm von den Worten des Großen Vaters und von der Hilfe, die er den Indianern schicken wollte. Viele andere verbreiteten die gleiche Lehre wie ich. Der Große Vater hatte der ganzen Welt befohlen zu tanzen, und wir lehrten alle Menschen zu tanzen, wie er es uns aufgetragen hatte. Während des Tanzes wurden sie ohnmächtig und reisten in das Geisterdorf und sahen die Geister der Verstorbenen, die sie liebten: Väter, Mütter und kleine Kinder. Dann gab es Ärger. Aber bei unserem Tanz

taten wir niemand etwas zuleide und hatten nichts Böses dabei im Sinn. Wir taten nur, was der Große Vater uns befohlen hatte.
Es ist wahr, alle Menschen sollen einander lieben. Alle Menschen sollen wie Brüder leben. Sind wir schuld daran, daß es nicht so ist? Müssen die Weißen nicht mit gutem Beispiel vorangehen, wenn sie das gleiche von uns erwarten? Zur Freundschaft gehören immer zwei. Wir wollen mit den Weißen wie Brüder leben, aber sie dürfen nicht erwarten, daß Liebe und Freundschaft nur von den Indianern ausgehen.
Auf dieser Welt hat der Große Vater dem weißen Mann alles gegeben und dem Indianer nichts. Aber so wird es nicht ewig bleiben. In der anderen Welt wird der Indianer so leben wie der weiße Mann, und der Weiße so wie der Indianer. Der Indianer wird Weisheit und Macht besitzen, und der weiße Mann wird hilflos und unwissend sein, mit nichts als Pfeil und Bogen. Denn in Kürze wird die Welt von Flammen verzehrt werden und untergehen. Dann, im nächsten Leben, wird den Indianern alles gehören.

(TATANKA PTECILA, alias *Short Bull* war ein Medizinmann vom Stamme der Brûlé-Sioux und lebte circa 1845 bis 1915. Im Sommer 1890 reiste er mit einer Sioux-Delegation nach Nevada zu dem Indianerpropheten Wovoka, dessen Lehre vom kommenden Messias er unter den Dakotas verbreitete. Sein Bericht, den er zehn Jahre später der Ethnologin Natalie Curtis diktierte, beruht auf realen Begebenheiten: mit dem »Kaninchenfellvolk« sind die Paiute-Indianer gemeint, zu deren Stamm der »Große Vater« Wovoka gehörte.)

Kurzbiographien der wichtigsten im Text vorkommenden Personen

TATANKA YOTANKA, alias *Sitting Bull* (1834-1890), berühmter Häuptling und Medizinmann (»spiritual leader«) der Hunkpapa-Sioux, trug durch seinen strategischen Rat und durch magische Riten entscheidend zum Sieg der Indianer gegen Custers Truppen am Little Big Horn bei; floh, von Armee-Einheiten verfolgt, im April 1877 nach Kanada, von wo er mit den Überlebenden seines Stammes vier Jahre später freiwillig in die Vereinigten Staaten zurückkehrte; trotz eines Amnestieversprechens wurde er von der Regierung in Fort Randall interniert; 1885 bereiste er als Mitglied von Buffalo Bills Wildwestschau Kanada und die Vereinigten Staaten und lebte anschließend als prominenter Indianerführer und Staatsfeind Nummer eins der US-Regierung im Standing

Sitting Bull

Red Cloud

Rock-Reservat von Norddakota; als er sich am 15. Dezember 1890, kurz vor Ausbruch der Schlacht am Wounded Knee, seiner Verhaftung widersetzte, wurde er von dem Indianerpolizisten *Red Tomahawk*, wahrscheinlich auf Geheiß der Regierung, ermordet.

WILLIAM F. CODY, alias *Buffalo Bill* (1846-1917), berühmter Showman, Scout und Westmann, arbeitete in den 60er Jahren als reitender Bote für den Pony Express, der Post durchs Indianergebiet in den Westen beförderte, im Bürgerkrieg gegen die Südstaaten als Kundschafter dienstverpflichtet, danach Büffelfleischlieferant für die Kansas-Pacific-Railroad, wodurch er entscheidend zur Ausrottung der Bisonherden beitrug, und Chefscout des 5. Kavallerieregiments, spielte die Hauptrolle in dem Wildwestspektakel *Scouts of the prairies* und gründete 1883 seine eigene Wildwestschau, mit der er in den Hauptstädten Europas und Amerikas gastierte, zog sich später aus dem Showbusiness zurück und starb als wohlhabender Rancher in Wyoming.

TASHUNKA WITKO, alias *Crazy Horse* (1840-1877), berühmter Medizinmann und Kriegshäuptling der Ogalala-Sioux, brillanter Stratege, der der US-Kavallerie zahlreiche Niederlagen beibrachte; führte die vereinigte Streitmacht der Sioux und Cheyennes gegen Custer am Little Big Horn, ergab sich im Mai 1877, nach fast einjähriger Verfolgung durch die Armee, weil sein Stamm Hunger litt, und wurde mit seinen Kriegern in Fort Robinson/Nebraska, interniert, wo er am 5. September bei einem angeblichen Fluchtversuch mit dem Bajonett erstochen wurde; sein Leichnam wurde von seinen Angehörigen an unbekanntem Ort in der Nähe von Wounded Knee begraben.

NELSON A. MILES (1839-1925), US-General, kämpfte als Freiwilliger im Bürgerkrieg gegen die Südstaaten, wo er sich durch seine Tapferkeit auszeichnete, 1866 als Oberst in die reguläre Armee übernommen, leitete als Kommandeur des 5. Infanterieregiments zahlreiche Feldzüge gegen aufständische Indianer, wobei er, trotz partieller Sympathie für seine Gegner, stets mit gnadenloser Härte vorging: den Sioux-

Krieg von 1876, den Feldzug gegen die Nez Percés unter ihrem Häuptling Joseph, den er auf seinem langen Marsch bis zur kanadischen Grenze verfolgte, 1877, und die »Befriedung« der Apachen unter ihrem Häupling Geronimo 1886. Nach der Niederschlagung des »Aufstands« von Wounded Knee ließ er seine Soldaten 1894 in Chicago auf streikende Arbeiter schießen und leitete die militärische Invasion von Puerto Rico im spanisch-amerikanischen Krieg; 1903 als Oberkommandierender der Armee aus dem aktiven Dienst ausgeschieden.

MACHPIYA LUTA, alias *Red Cloud* (1822-1909), Häuptling der Ogalalas, des größten Stammes der Teton-Sioux; widersetzte sich auf der Konferenz von Fort Laramie (1866) dem Vorhaben der Regierung, im Indianerland Forts zu bauen zum Schutz des Bozeman-Trails, auf dem die Siedler nach Westen zogen; vernichtete am 21. Dezember 1866 in der Nähe von Fort Kearny eine Eliteeinheit der US-Armee unter dem Kommando von Hauptmann Fetterman (das sog. *Fetterman-Massaker*) und erzwang im Vertrag von 1868 Konzessionen von Seiten der Regierung; 1870 als Mitglied einer Indianerdelegation in New York und Washington, starb in hohem Alter, erblindet, im Reservat von Pine Ridge.

GEORGE CROOK (1829-1890), US-General, Absolvent der Militärakademie von West-Point, im Bürgerkrieg gegen die Südstaaten aufgrund seiner Tapferkeit zum Generalmajor befördert, Oberkommandierender der Armee im Sioux-Krieg von 1876 und beim Feldzug gegen die Apachen in Arizona 1882-85, danach Oberbefehlshaber der Missouri-Division, genoß das Vertrauen der Indianer, weil er sich für die Einhaltung der geschlossenen Verträge und für die Anerkennung ihrer Rechte einsetzte; starb am Vorabend der Schlacht von Wounded Knee in Chicago.

SI TANKA, alias *Big Foot* (1825?-1890), Häuptling der Minneconjou-Sioux, Teilnehmer der Schlacht am Little Big Horn, reiste in den 80er Jahren als Delegierter nach Washington, versuchte durch Maisanbau und die Gründung von Schulen, seinen Stamm seßhaft zu machen; nach dem Ausbruch der Geistertanzunruhen floh er, aus Angst vor der Armee, in die Badlands und ergab sich, zusammen mit seinem Volk, den von Oberst Forsythe kommandierten Truppen des 7. Kavallerieregiments. Während Big Foot schwerkrank in seinem Zelt lag, forderte der Medizinmann des Stammes, Yellow Bird, die jungen Krieger auf, Widerstand zu leisten; bei dem anschließenden Gefecht wurde Big Foot zusammen mit mehr als 200 Männern, Frauen und Kindern von der US-Armee massakriert.

Big Foot im Tode, aufgenommen auf dem Schlachtfeld am Wounded Knee

Epilog

Als ich im August 1977 mit einem Filmteam das Schlachtfeld von Wounded Knee besuchte, war das Massaker von 1890 und die Besetzung von 1973 noch in frischer Erinnerung. In der Nacht zuvor war Jimmy Eagle, ein militantes AIM-Mitglied, nach einer Schießerei mit FBI-Beamten aus dem Gefängnis geflohen. Niemand hatte etwas gehört oder gesehen; alle, die wir fragten, schüttelten nur stumm den Kopf, wie sizilianische Bauern, die nach Banditen gefragt werden. Wounded Knee: ein kahler Präriehügel mit einer weißen Holzkirche, schiefen Holzkreuzen mit verwitterten Inschriften, daneben ein Massengrab für die Opfer von 1891. Am Horizont im Westen die dunkle Bergkette der Black Hills, im Norden die Badlands, die wir am Morgen überflogen hatten: eine öde Mondlandschaft in allen Schattierungen von Ocker, Braun und Gelb, wild zerklüftet, wie zusammengeknülltes Packpapier. Kein Baum und kein Strauch, kein Adler, Büffel oder Coyote ist in dieser Einöde mehr zu Hause; nur ein paar windschiefe Fertighaus- und Wohnwagensiedlungen, über die rollenden Hügel verstreut. Vor der Tür rostet ein Autowrack vor sich hin, daneben weidet ein Mustang; hinter dem Haus flatternde Wäsche und das Gerüst eines Tipis (Zelt): als warteten die Bewohner nur auf ein Signal, um ihre alte, nomadische Lebensweise wieder aufzunehmen. Fröhliche, ungewaschene Kinder und Hunde von undefinierbarer Rasse umringen unser Auto; einer der Köter beißt unseren Kameramann ins Bein, während er die Kamera auslädt. Wir sprechen mit Mathew King, dessen richtiger Name ›Noble Red Man‹ lautet. Er war 1936 mit einer Sioux-Delegation zur Olympiade in Berlin und hat Hitler das Rezept für Pemmikan, getrocknetes Büffelfleisch, verraten; er ist heute noch

überzeugt, daß die militärischen Erfolge der Deutschen im zweiten Weltkrieg auf die Kenntnis der Pemmikanzubereitung zurückzuführen sind. Wir besuchen Chief Fool's Crow, einen neunzigjährigen Greis, der nur Lakota spricht; für 100 Dollar Bezahlung will er uns die heilige Pfeife von Crazy Horse zeigen. An der Wand hängt eine Winchester und ein Cowboyhut mit Feder, daneben ein Illustriertenfoto, auf dem Fool's Crow in vollem Kriegsschmuck, mit Adlerhaube, zu sehen ist. Er beklagt sich, daß der weiße Fotograf mit seinem Bild viel Geld verdient hat, ihm aber nicht einmal ein Exemplar seines Fotos geschickt hat – von Geld ganz zu schweigen. Dabei sagten alle weißen Besucher, sie seien die Freunde der Indianer. Als wir ihm draußen vor der Tür die Hand schütteln, sagt Fool's Crow plötzlich, während am Horizont die Sonne untergeht, auf englisch: »Don't be afraid, come back.«
Am nächsten Morgen fahren wir zum Crazy Horse Centennial, einer Gedenkfeier zum 100. Todestag von Crazy Horse, nach Fort Robinson. Wir kommen zu spät, weil wir nicht wußten, daß die meisten indianischen Zeremonien bei Sonnenaufgang stattfinden: »They had a pipe ceremony«. Während die heilige Pfeife geraucht wurde, zeigte sich der Geist von Crazy Horse den anwesenden Indianern als Wolke am Himmel. Die weißen Zuschauer haben nichts davon gemerkt. »First they attack our religion, because they know that's where we get our strength from.«
Auf der Rückfahrt Besuch bei Larry Red Shirt, dem Sekretär des Lacota Treaty Council, im lokalen Büro von AIM. Wie bei vielen jungen Sioux-Indianern ist sein Gesicht von Akne zerfressen, als Folge von Mangelkrankheiten oder falscher Ernährung. Larry sitzt an einem Tisch zwischen Bergen von Flugblättern und AIM-Broschüren, unter einem Plakat mit der Aufschrift: »Ogalala Sioux Traditional Sun Dance, No Whites admitted«, daneben ein Poster: »Freedom for the peoples of Zimbabwe«. Er kocht Kaffee und erzählt uns, daß das Wasser im Reservat von den umliegenden Industrien verseucht ist; das Becken der nordwestlichen Prärien soll in ein gigantisches Industriezentrum verwandelt werden, mit Kohle- und Kernkraftwerken soll das Land der Indianer unbewohnbar gemacht werden. »The White Man is

destroying everything, including his own life. But he shall leave our people alone.«

Pine Ridge: das Verwaltungsgebäude der Indianerbehörde (BIA - Bureau of Indian Affairs) ist mit Stacheldraht eingezäunt, darüber weht das Sternenbanner, wie im Hauptquartier einer Besatzungsmacht mitten im Feindesland. Daneben Schule und Gefängnis, von FBI-Beamten bewacht. Im Supermarkt kostet alles doppelt so viel wie außerhalb des Reservats. An der Glastür Verbotsschilder: »No checks cashed« - Betteln und Hausieren verboten - »No shirt, no shoes, no service«. Neben der Kasse Stapel von Taschenbüchern (»Bury my heart at Wounded Knee«) mit dem Werbeslogan: »Impressive - contains every single battle and massacre!« (Eindrucksvoll – enthält alle Schlachten und Massaker!). Wie der Imperialismus noch aus der literarischen Verwertung seiner Verbrechen Profit schlägt! (Später, im Museum von Bismarck, der Hauptstadt von Norddakota, sehen wir in einer Vitrine die drei Gegenstände ausgestellt, mit denen die Zerstörung der Indianerkultur bewerkstelligt wurde: Polizeiknüppel, Schnapsflasche und Bibel - in die Dakotasprache übersetzt.)

Weiter nördlich, im Fort Peck-Reservat, treffen wir Sam Little Owl, den letzten noch lebenden Mandan-Indianer, der sich mit Hilfe des Sonnentanzes vom demoralisierten Alkoholiker zum Lehrer und Erzieher seines Volkes gewandelt hat. Er zeigt uns die frischen Wunden auf seiner Brust, durch die während des Tanzens Stöcke gesteckt werden – wie bei einem Stigmatisierten. In einer Vision sah er vier Büffel, die in vier verschiedene Richtungen auseinanderdrängten und die vier kommenden Jahre seines Lebens symbolisierten, die er dem Sonnentanz geweiht hat. Seitdem wird sein Alltag von mystischen Zufällen bestimmt: bei der Ankunft begrüßt er uns auf deutsch – er wußte von unserem Kommen, obwohl wir uns nicht angemeldet hatten.

Custer's Battlefield, Little Bighorn Mountains: ein Soldatenfriedhof, über dem das Sternenbanner weht, die Gräber in Reih und Glied, als müßten die Toten noch einmal zum Appell antreten. Die Soldaten in anonymen Massengräbern (»Unknown Soldier, died June 25, 1876«), die Offiziere in Einzelgräbern mit patriotischen Inschriften: »Killed in Action while clearing the territory from hostile Indians«: Ungleichheit noch im Tode. Daneben das Grab eines Crow-Scouts mit dem sprechenden Namen: »White-Man-Commands-Him«. Custers Gebeine wurden auf den Heldenfriedhof von Arlington umgebettet. Im Museum ist er als lebensgroße Wachsfigur zu sehen, mit der Inschrift: »Some consider him a giant, some a fool – what do you think?«

Am letzten Tag unseres Aufenthalts bei den Prärieindianern fragte mich George P. Horse Capture, einer der letzten Überlebenden des einst mächtigen Stammes der Grosventre, warum gerade die Deutschen sich so für Indianer interessierten? Ich murmelte etwas von Karl May, aber George, der im Berliner Völkerkundemuseum die letzten erhaltenen Zeugnisse der untergegangenen Kultur seines Stammes studiert hat, gab selbst die Antwort: »Ich kenne Deutschland und die Deutschen. Ich weiß, wie wenig Freiheit in eurem Land herrscht. Deshalb begeistert ihr euch so für die nordamerikanischen Indianer: weil sie freier lebten als ihr.« Ihm und den anderen in diesem Nachwort erwähnten indianischen Freunden widme ich dieses Buch.

H. C. B.
Berlin, September 1979

Teilnehmer eines Indianertreffens im Juni 1977 in der Sioux Reservation; das Sternenbanner steht Kopf

Ausgewählte Bibliographie

(enthält nur die von mir benutzte Literatur)

A. Quellen

Als Druckvorlage für die hier versammelten Dokumente diente: *The Winter of 1890 - What happened at Wounded Knee?* Compiled and Published by Don Huls, Chadron (Nebraska) 1974, ein Buch, das in keiner europäischen Bibliothek zu finden ist. Sein Herausgeber hat sämtliche Ausgaben des »Chadron Democrat« von Herbst 1890 bis Frühjahr 1891 durchgesehen und die auf Wounded Knee bezüglichen Artikel als Privatdruck vervielfältigt; die Broschüre ist im Museum des Fort Robinson State Park (Nebraska) erhältlich. Die zuverlässigste Quelle über die Geistertanzbewegung und die Schlacht von Wounded Knee ist *James Mooney: The Ghost-Dance Religion and the Sioux Outbreak of 1890,* hg. von Anthony F. C. Wallace, University of Chicago Press 1965 (Neudruck der Erstausgabe von 1892/93), ein ethnologisches Meisterwerk; sein Verfasser, Sohn irischer Einwanderer, verband seinen irischen Nationalismus mit einem tiefen Verständnis für die Situation der amerikanischen Indianer; seine umfangreichen Sprachkenntnisse und seine wissenschaftliche Akribie machten ihn zu einem Pionier der Indianerforschung. Die beste Quellensammlung zur Geschichte und Kultur der nordamerikanischen Indianer bietet die von *J. Franklin Jameson* herausgegebene Buchreihe: *Original Narratives of Early American History,* deren zahlreiche Bände seit Anfang des Jahrhunderts in New York erscheinen und bis heute viele Neuauflagen erlebten (im Verlag Barnes & Noble). Die wichtigsten Zeugnisse deutscher Amerikareisender, die mit Indianern in Berührung kamen - *Prinz Maximilian zu Wied, Balduin Möllhausen, Herzog Paul von Württemberg* - sind in preiswerten Neudrucken im Verlag Lothar Borowski, München, erschienen, der auch die Tagebücher der Pioniere *Lewis und Clark* und des Indianermalers *George Catlin* in deutscher Übersetzung herausbrachte.

B. Sekundärliteratur

Einen brauchbaren Gesamtüberblick über Geschichte und Kultur der nordamerikanischen Indianer bieten *Oliver La Farge: Die große Jagd* (Fischer Bücherei 1025) und *Peter Farb: Die Indianer* (Molden Verlag, München-Zürich 1971), der allerdings eine paternalistische Haltung zu seinen Schützlingen einnimmt und sich bemüßigt fühlt, die Unterschiede zwischen Indianern und Affen ausführlich zu erläutern - in lauterster Absicht, versteht sich. Das Standardwerk über den Untergang der Prärieindianer ist *Dee Brown: Bury my Heart at Wounded Knee* (dt. Begrabt mein Herz an der Biegung des Flusses, München 1974; auch als Taschenbuch), einer der wenigen Bestseller, der seinen Erfolg wirklich verdient hat. Ich persönlich ziehe jedoch die bislang unübersetzte Studie von *Ralph K. Andrist* zum gleichen Thema vor: *The Long Death - the Last Days of the Plains Indians,* London-New York 1964, eine äußerst material- und kenntnisreiche, kritische und selbstkritische Untersuchung, sehr dicht und lebendig geschrieben, ohne deshalb in triviale Veranschaulichungsmechanismen zu verfallen

Brauchbare deutsche Arbeiten jüngeren Datums (die ich mit Gewinn benutzt habe) sind: *Siegfried von Nostitz: Die Vernichtung des Roten Mannes*, Köln-Düsseldorf 1970 (Diederichs), *Liselotte Ungers: Die Rückkehr des Roten Mannes, Indianer in den USA*, Köln 1974 (Kiepenheuer & Witsch) und *Claus Biegert: Seit 200 Jahren ohne Verfassung, Indianer im Widerstand*, Reinbek 1976. Letzteres Buch ist besser als sein Titel, der eine juristische Dissertation vermuten läßt; es enthält ein spannendes Tagebuch über die zweite Besetzung von Wounded Knee 1973. Problematisch erscheint mir dagegen *Horst Hartmann: Die Plains- und Prärieindianer Nordamerikas*, die Fleißarbeit eines deutschen Professors. Das als Ausstellungskatalog des Berlinger Museums für Völkerkunde 1973 erschienene, 422 Seiten starke Buch (mit zahlreichen Abbildungen) trägt alle wissenswerten (auch weniger wissenswerte) Fakten über Geschichte und Kultur der Prärieindianer mit gründlicher Akribie zusammen und kommt dann zu dem seltsamen Schluß: »Obwohl der Verfasser in den Bear Paw Mountains und der Fort Belknap Reservation keine einzige Behausung gesehen hat, die sich mit den neueren Bauten in der Windfluß-Region vergleichen ließ, obschon die Armut überall durchschlug, schienen viele ältere Eingeborene mit ihrem Dasein zufrieden zu sein. Die meisten Familien besitzen einen Kühlschrank, und nicht wenige konnten sich einen Farbfernsehempfänger und ein Auto leisten.« Was für eine koloniale Borniertheit, die die Lebensqualität der »Eingeborenen« anhand von Kühlschränken und Farbfernsehern mißt!

C. Aus indianischer Sicht

Aus der Fülle von äußerst lesenswerten Äußerungen nordamerikanischer Indianer (die sehr viel lebendiger sprechen und schreiben als die meisten Indianerexperten) kann ich hier nur weniges herausgreifen; z. B. *Vine Deloria jr.: Custer Died for your Sins - An Indian Manifesto*, New York 1969, eine bitter ironische Abrechnung mit 500 Jahren weißer Indianerpolitik und zugleich ein ausgezeichneter Überblick über die Situation der Indianer heute; im Trikont Verlag ist vom gleichen Verfasser, einem Dakota-Indianer, erschienen: *Nur Stämme werden überleben*, ein ökologisches Pamphlet, das die Aktualität der indianischen Kultur auch für umweltbewußte Weiße herausstellt. Im gleichen Verlag erschien 1975 der Sammelband: *Die Wunden der Freiheit*, ein Querschnitt durch Reden und Statements berühmter Indianerhäuptlinge, hg. von *Dennis Banks*, Sprecher des American Indian Movement. Zwei - inzwischen schon leicht angegraute - Klassiker der Dakotageschichte und -kultur sind: *Charles A. Eastman: Ohijesa - Jugenderinnerungen eines Sioux-Indianers*, auf deutsch erstmals 1913 erschienen, Neudruck (mit den hübschen Jugendstilminiaturen von Frederick Weygold) im Insel Verlag 1976; der Verfasser war ein akademisch gebildeter Sioux-Indianer; und: *Schwarzer Hirsch: Ich rufe mein Volk (»Black Elk Speaks«), Leben, Traum und Untergang der Ogalala-Sioux, aufgeschrieben von John Neihardt, Lizenzausgabe bei dtv, München 1962.*

Baudelaire 1848. Gedichte der Revolution. Herausgegeben und kommentiert von Oskar Sahlberg. WAT 35. 160 Seiten. DM 8,-
Die Salpeterer. ›Freie, keiner Obrigkeit untertane Leute auf dem Hotzenwald.‹ Hrsg. Thomas Lehner. WAT 36. 128 Seiten. DM 7,50
99 romantische Gedichte. Hrsg. Lienhard Wawrzyn. WAT 37. 192 Seiten. DM 9,50
Ödipus. Ein Held der westlichen Welt. Von Horst Kurnitzky. WAT 38. 144 S. DM 8,-
Günter Bruno Fuchs, Die Ankunft des Großen Unordentlichen in einer ordentlichen Zeit. Gedichte, Bilder und Geschichten. WAT 39. 160 Seiten. DM 7,50
Jetzt schlägt's 13. Deutsche Literatur aus dreizehn Jahren. Hrsg. Klaus Wagenbach. WAT 40. 192 Seiten. DM 7,-
Sil Schmid, Freiheit heilt. Demokratische Psychiatrie in Italien. WAT 41. 160 S. DM 7,50
Boris Vian, Der Deserteur. Chansons, Satiren und Erzählungen. Mit einer Biographie. Hrsg. Klaus Völker. WAT 42. 144 Seiten. DM 8,50
Lessings »Nathan«. Der Autor, der Text, seine Umwelt, seine Folgen. Hrsg. Helmut Göbel. WAT 43. 256 Seiten. DM 8,50
Erich Fried, 100 Gedichte ohne Vaterland. Nachwort: Klaus Wagenbach. Eine Sammlung alter und neuer Gedichte. WAT 44. 128 Seiten. DM 7,-
Asperg. Ein deutsches Gefängnis. Von Horst Brandstätter. WAT 45. 160 Seiten. DM 9,-
Günter Bose/Erich Brinkmann, Circus. Geschichte und Ästhetik einer niederen Kunst. WAT 46. 204 Seiten. DM 9,50
Heinrich Heine, Ein Land im Winter. Gedichte und Prosa. Mit Bemerkungen von Dieter Heilbronn. WAT 47. 192 Seiten. DM 9,-
Panama. Geschichte eines Landes und eines Kanals, von der Entdeckung bis zum Vertrag von 1977/78. Von Alex Schubert. WAT 48. 128 Seiten. DM 7,50
Der Aufstand der Ciompi. Über den »Tumult«, den die Wollarbeiter im Florenz der Frührenaissance anzettelten. Von Ernst Piper. WAT 49. 128 Seiten. DM 8,-
Horst Karasek, Belagerungszustand! Reformisten und Radikale unter dem Sozialistengesetz von 1878-1890. WAT 50. 160 Seiten. DM 8,50
Tommaso Di Ciaula, Der Fabrikaffe und die Bäume. Wut, Erinnerungen und Träume eines apulischen Bauern, der unter die Arbeiter fiel. WAT 51. 160 Seiten. DM 9,50
Wilfried Gottschalch, Vatermutterkind. Deutsches Familienleben zwischen Kulturromantik und sozialer Revolution. WAT 52. 160 Seiten. DM 8,50
Puerto Rico. Inselparadies der Wallstreet oder unabhängiger Staat? Geschichte, Kultur, Gegenwart. Von Karin Röhrbein und Reinhard Schultz. WAT 53. 128 Seiten. DM 7,50
Christian Friedrich Daniel Schubart, Dichter und Staatsfeind. Leben und Umtriebe eines schwäbischen Rebellen. Hrsg. Wilfried F. Schoeller. WAT 54. 160 Seiten. DM 9,50
Hans Christoph Buch, Tatanka Yotanka oder Was geschah wirklich in Wounded Knee? Die letzte Schlacht der Indianer gegen die Weißen. WAT 55. 160 Seiten. DM 9,-
Friedrich Schiller, Der Verbrecher aus verlorener Ehre. Eine wahre Geschichte. Mit Überlegungen von Horst Brandstätter. WAT 56. 128 Seiten. DM 7,50
Georg Forster, Weltumsegler und Revolutionär. Ansichten von der Welt und vom Glück der Menschheit. Von Ulrich Enzensberger. WAT 57. 192 Seiten. DM 9,50
Horst Karasek, Der Fedtmilch-Aufstand oder: Wie die Frankfurter 1612/14 ihrem Rat einheizten. WAT 58. 160 Seiten. DM 9,-
Freyheit oder Mordt und Todt. Revolutionsaufrufe deutscher Jakobiner. Herausgegeben von Walter Grab. WAT 59. 192 Seiten. DM 8,50
Ernst Piper, Savonarola. Umtriebe eines Politikers und Puritaners im Florenz der Medici. WAT 60. 160 Seiten. DM 9,50
Gisela Dischner, Caroline und der Jenaer Kreis. Ein Leben zwischen bürgerlicher Vereinzelung und romantischer Geselligkeit. WAT 61. 192 Seiten. DM 9,50
Ulrike Marie Meinhof, Die Würde des Menschen ist antastbar. Aufsätze und Polemiken. WAT 62. 160 Seiten. DM 9,-
Till Eulenspiegel. Phantasien über einen Schalk. Durch 700 Jahre aufgesucht von Klaus Brieglebt. WAT 63. 192 Seiten. DM 9,50
Atlas zusammengestellt von deutschen Autoren. WAT 64. 272 Seiten. DM 11,-